U0894572

商业新闻出版公司和轻松读文化事业有限公司提供内容支持

用策略 赢市场

轻松读大师项目部 编

中国盲文出版社

图书在版编目（CIP）数据

用策略赢市场：大字版 / 轻松读大师项目部编．—北京：中国盲文出版社，2019.12

ISBN 978-7-5002-8384-3

Ⅰ．①用… Ⅱ．①轻… Ⅲ．①市场营销学 Ⅳ．① F713. 50

中国版本图书馆 CIP 数据核字（2018）第 057158 号

用策略赢市场

编　　者：轻松读大师项目部
出版发行：中国盲文出版社
社　　址：北京市西城区太平街甲 6 号
邮政编码：100050
印　　刷：北京建筑工业印刷厂
经　　销：新华书店
开　　本：787 × 1092　1/16
字　　数：70 千字
印　　张：10.25
版　　次：2019 年 12 月第 1 版　2019 年 12 月第 1 次印刷
书　　号：ISBN 978-7-5002-8384-3 / F · 197
定　　价：36.00 元
销售服务热线：（010）83190297　83190289　83190292

出版前言

数字文明为我们求知问道、拓展格局带来空前便利，同时也使我们深受信息过剩、知识爆炸的困扰。面对海量信息，闭目塞听、望洋兴叹固非良策，不分主次、照单全收更无可能。时代快速变化，竞争不断升级，要想克服本领恐慌，防止无知而盲、少知而迷，需尽可能将主流社会的最新智力成果内化于心、外化于行，如此才能更好地顺应时代，提高成功概率。为使读者精准快速地把握分散在万千书卷中的新理念、新策略、新创意、新方法，我们组织编写了这套“好书精读丛书”。

这套书旨在帮助读者提高阅读质量和效率。我们依托海内外相关知识服务机构十多年的持续积累，博观约取，从经济管理、创业创新、投资理财、营销创意、人际沟通、名企分析等方面选取数百种与时俱进又经世致用的好书分类整合，凝练出版。它们或传播现代经管新知，或讲授实用营销技巧，或聚焦创新创业，或分析成功者要素组合，真知云集，灼见荟萃。期待这些凝聚着当代经济社会管理创新创意亮点的好书，能为提升您的学识见解和能力建设提供优质有效便捷的阅读资源。

聚焦对最新知识的深度加工和闪光点提炼是这套书的突出特点。每本书集中解读4种主题相关的代表性好书，以“要点整理”“5分钟摘要”“主题看板”“关键词解读”“轻松读大师”等栏目精炼呈现各书核心观点，崇真尚实，化繁为简，您可利用各种碎片化时间在赏心悦目中取其精髓。常读常新，明辨笃行，您一定会悟得更深更透，做得更好更快。

好书不厌百回读，熟读深思子自知。作为精准知识服务的一次尝试，我们期待能帮您开启高效率的阅读。让我们一起成长和超越！

CONTENTS

目录

策略是企业发展的一项重要因素。信息化时代，企业的发展面临许多新的机遇和挑战。因此，经营一部好的策略发动机是确保企业未来发展的万全之法。策略发动机最优先的工作是挑选出信息资产，并应用在策略投资组合中的每项投资上。而后，策略发动机将会彻底改变企业的运作方式，帮助企业克服许多内在障碍，特别是惰性和内部反对改革的阻力，推动企业良性发展。

活用策略，领导企业走向胜利 / 35

竞争是企业生存和发展的关键环节。企业要想充分获得竞争的主动权最需要讲究策略，而策略的运用则需要正确的策略定位。西方管理学的精髓就是正确的策略定位。聪明的策略家能够帮助企业找准正确的策略定位，坚持企业发展的十大基本策略原则，满足顾客的独特需求，最终为企业赢得竞争优势。

战略小兵团，获利大帝国 / 77

企业在发展的过程中必然会面临很多挑战。美国企业在20世纪60年代至90年代也分别面临不同的挑战。为应对挑战，企业在发展过程中就要变换不同的商业模式，也会面临许多棘手的问题。而解决问题的方法就是建立策略事业单位（SEU），SEU旨在将不同的商业模式进行整合，形成一种新的商业模式。

事业构想模拟考 / 113

我们常说制订计划时要准备一个B计划，即预备方案、替代方案。企业在发展过程中同样也需要B计划。在这里，B计划并不是一种退而求其次的备选方案，而是一项在A计划进行得不顺遂时，顺势推出的升级版计划。B计划也意味着C计划、D计划、E计划等。麦克斯·拉夫琴的PayPal公司就是经历了从A计划到G计划的过程，最终通过G计划取得了成功。

策略发动机

The Strategy Machine

Building Your Business One Idea at a Time

原著作者简介

拉里·唐斯（Larry Downes），毕业于美国的西北大学和芝加哥大学，曾任教于芝加哥大学企管研究所及西北大学法学院，担任过数家新创公司的顾问，与人合著《Killer App——12步打造数字企业》一书。

本文编译　张定绮

主要内容

5分钟摘要

企业生存的最佳利器

一种很小、很便宜，可以安装在所有产品上的“便携式电脑”，将彻底改变所有产业。届时企业必须开发一部“策略发动机”，为信息革命的终极发展做好万全准备。这部“策略发动机”是一套整合所有可用策略而发展出的对策，可应对即将来临的市场巨变。

经营“策略发动机”是确保未来事业发展的万全做法。未来，企业可用这部发动机开发出一条与“实体供应链”并存的“信息供应链”。“策略发动机”能够建议企业应掌握哪些信息产品与服务实现增值，也能帮助企业消除其内部的惰性与变革阻力。总之，“策略发动机”可以帮助企业负责人重整公司，获得整合与驾驭大量信息的能力。

行之有效的“策略发动机”主要有下列3种投

资组合方式：

（1）计划投资。为公司既有客户提供更好的服务。

（2）风险投资。帮助公司找到可扩充的市场以及打进新市场所需的新点子。

（3）选择权投资。针对将来对公司可能有重要作用的新科技所下的小赌注。

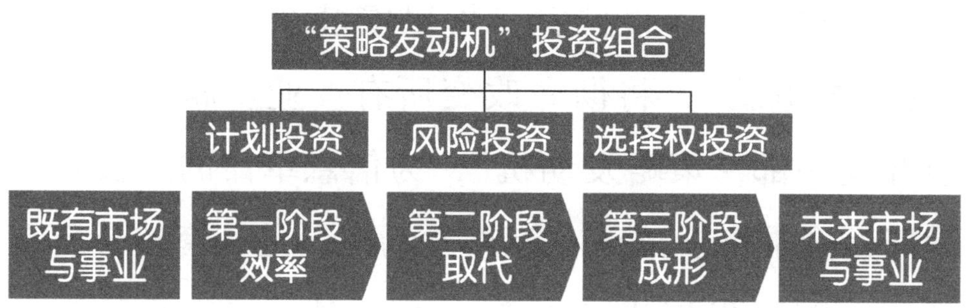

上图所示的每种投资方式，都必须与市场的各个不同演化阶段同步进行。这是所有市场在信息革命不断演进过程中产生的循环模式。“计划投资”着重于创造更有效率的市场，通常能为消费者降低成本；“风险投资”主要是针对产业的结构性无效率问题，其结果通常是把无增值潜力的中间商从产业结构中剔除；在演进过程第三阶段所形成的新产业结构中，“选择权投资”则可为其未来发展提供有效的避险通道。

由此可见，发展并维持“策略发动机”，在市场快速变迁之际，不失为一种有效的经营策略，即使最初只是一小步，也能使公司同时朝多个方向前进。

总而言之，发展并保养“策略发动机”是一项较好的企业运营方式，不仅现在管用，而且以后人类社会进入大量应用“便携式电脑”的时代也同样奏效。目前，已有多家公司在运用和发展这种运营方式，并取得一定效果。因此，公司要想在未来取得成功，一定要建立优良的“策略发动机”，并使其运转不辍。

所谓互联网、全球网络，这些都不过是信息革命的开路先锋。我们使用电脑，并不是因为电脑会做更多的事情，而是因为有更多东西会用到电脑，电脑会藏在人们想得到的东西里，从衣服、食物到飞机座椅等，智能产品可以让人们通过工厂、商店甚至手提箱上传与接收信息。欢迎来到“便携式电脑”时代！

——拉里·唐斯

轻松读大师

一　为何需要“策略发动机”

伴随着“便携式电脑”逐步融入制造业中，“信息供应链”与传统的“产品供应链”将同步发展，未来这条“信息供应链”将会成为企业重要的增值来源。因此，我们需要一部“策略发动机”，即一种既能改善企业现状，又能测试出那些未来可能摧毁企业的新观念、新方法。或者说得更明确一些，即“策略发动机”是用来探究新信息产品将如何改变企业未来的经营方式。

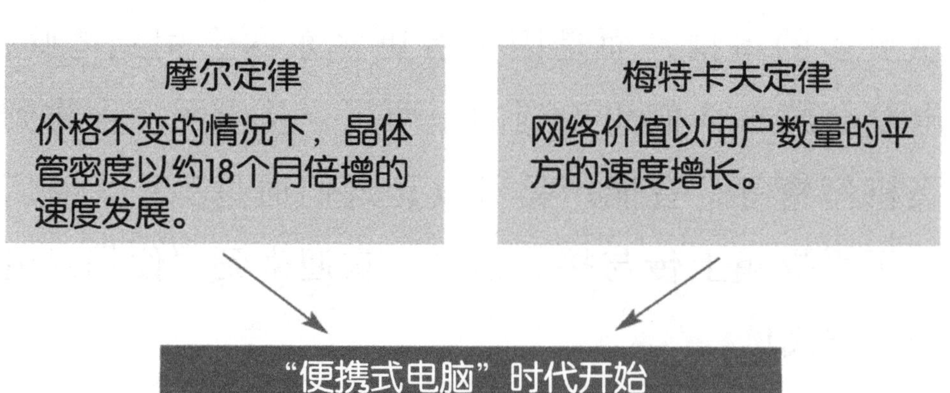

摩尔定律与梅特卡夫定律是推动“便携式电脑”革命的两大定律。这两条定律决定了电脑性能每隔几年就会出现倍增的情形，而互联网的不断快速扩张，也使电脑的用途更丰富、更广泛。

1999年已经制造出了价值49美分且可以用来上网的电脑。其后5年内，这种电脑的成本降至0.0049美分，其内置传输器可将资料上传到最近的网域，且体积小到可藏在产品商标里或任何地方。如此一来，人类在技术层面将会史无前例地做到以下几点：

（1）精确追踪小型消费性商品，如牙膏之类的商品。这能够让供应链同步掌握消费性商品的售卖时间，使整体供应链发挥出最大效能。

（2）新的医学应用，如可以帮助听障或视障患者的植入式电脑。

（3）新的娱乐形态，将有助于媒体和消费性电子产品的使用。

尽管这些用途都令人印象深刻，但要拥有精确的商业信息才能产生深远的影响。企业取得的信息越完整且产品品质越好，其供应链的结构与运营就会越好。高品质信息能提高效率，降低库存需求，也能减少甚至完全消除浪费与损耗。因为这些成效经过系统反馈后，就启动了良性循环，成本及零售价格降低，就会促使需求量上升，并因量产而更进一步降低成本，如此循环往复。最后我们会看到市场一片繁荣，因为所有消费性产品的价格，都低得让人难以相信，却仍有利可图。

“便携式电脑”的发展路径与信息革命过程中的其他变革大致相同。

第一阶段　效率 → 第二阶段　取代 → 第三阶段　成形

（1）第一阶段：效率。在此阶段，信息科技着重通过消除浪费来降低交易成本的方式，为消费者创造更多利益。确切地说，科技降低了以下成本：

◎ 买方与卖方彼此寻觅的成本。

◎ 了解产品规格的成本。

◎ 比价与讨价还价的成本。

◎ 拟定与执行策略的成本。

经济学家估计，目前交易成本占整个经济活动的45%。

（2）第二阶段：取代。在第二阶段，整个产业因结构落后导致效率不高的问题，在建立可进行交易的网上市场后，就可以得到解决。特别是金融产品与服务，也会随着信息化水平的提高而改进。举例来说，固定价格会被更能反映需求的变动价格所取代。同时，买卖双方直接交易后，无法提供附加价值的中间商就会被淘汰。

（3）第三阶段：成形。在第三阶段，供应链中的每个成员都将标准化操作，紧密合作地分享即时信息。因为只有拥有最多有价值信息的人，才能从竞争中获得大量利润，进而在供应链中掌握比别人更大的优势，促使产业结构脱胎换骨。现在从供应链中寻找信息，加以挖掘利用，已成为一种有价值的活动，可以为企业增值。

有趣的是，目前这3个阶段都是同时发生的。在早期革命（如工业革命）中，事件发展都比较缓慢。如今，新观念可以马上生根，转瞬间就能传播到世界各地。因此，产业随时都可能会发生突如其来的巨变。

以军事为例，这3个阶段就像在3个前线同时作战。因此，很多产业都面临着传统供应链的崩溃，且以截然不同的组成和匪夷所思的部署方式进行着改革。更棘手的是，这3个阶段不仅同时发生，而且发展的速度各不相同。有些产业甚至会整个跳过某一阶段。

测量任何一个特定产业改变的步伐有多大，唯一的方法就是观察下列 3 个加速改变的因素：

（1）解禁。市场力量自由奔驰，不再受管控。

（2）信息。商品没有具体形态，只以电子形式存在。

（3）分化。有很多买家，但缺乏有市场影响力的主力卖方。

随着信息革命不断发展，出现了一个与传统“产品供应链”平行的“信息供应链”：

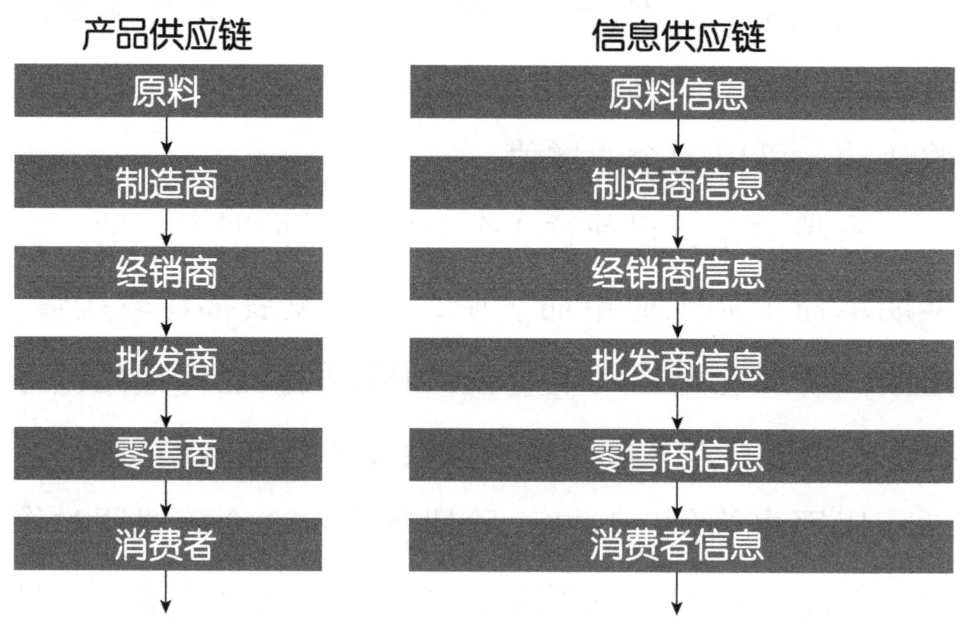

在很多情况下，“信息供应链”被包装成金融工具、市场资料库或其他新产品、新服务出售时，会比“产品供应链”更具价值。例如，在 1953 年创刊的美国杂志——《电视周刊》，就专门提供区域性电

视节目信息，这份杂志自始至终比所有电视网络加起来都赚钱。2000 年，Gemstar 以 100 亿美元的价格买下了《电视周刊》。

“信息供应链”潜在价值极高的原因是，高水准的精确信息能实现下列事项：

（1）量身打造成为可能。制造商可以完全按照顾客的意愿生产产品。

（2）广告更加有效果。这是因为现在的广告更能把正确的信息有针对性地传递给受众，不再只是“乱枪打鸟”。

（3）精确调节生产线。生产者确切地知道该生产什么，就能够做更周密的计划。

（4）物流调度更切合实际需求。当配送网络发挥最大功效时，可以减少甚至完全不需要库存（自动补货系统还可以在没有顾客介入的状态下处理上述所有功能）。

（5）高复杂度产品也可能成为交易商品。对于竞争性商品可以更直接地进行比较，从而会出现基于这类商品而设计的新产品（如避险基金、衍生性商品之类的理财工具）。

大体而言，“信息供应链”能推动企业从寻求垂直型整合（在内部尽可能建立多样的供应链），转为寻求虚拟型整合（因为可以与供应链中的其他公司分享信息，所以无需并购这些公司，从而降低了交易成本）。“信息供应链”形成后，信息资产就变得有价值了。“信息供应链”的资产包括以下内容：顾客名单；产品库存与消费者的需求信息；版权；注册商标；产品使用与应用的专业知识。

请注意，以下为“信息供应链”的关键点：

（1）建立“信息供应链”的成本比建立垂直整合公司的成本更低。

（2）抢先占领市场不见得就能自动取得优势。无论是新加入者还是弱势玩家，只要拥有重要信息资产，就有机会在“信息供应链”中取得最大附加价值。

（3）不愿意分享信息，就无法建立“信息供应链”。同样，如果缺乏从内部收集正确信息的能力，也无法跟其他人分享信息。

（4）掌握配置信息资产关键技术的创新者，或是供应链中掌握第一手信息资产的参与者，都能为各行业建立“信息供应链”。

（5）如果想要在“信息供应链”中居于领先地位，最大的诀窍就是快速行动，要即刻完成3个阶段的发展步骤。换言之，必须同时分别投资以效率、取代、成形为主的计划，同时把控好资金、管理和实施。

关键思维

如果公司的网络连接很差或支离破碎，就不可能建立起“信息供应链”。内部信息链必须完整，才有可能衔接企业的各项商业活动，并且组合起来产生新的价值。企业应该完善采购、ERP和客户关系管理等核心系统，做好信息交换的基础建设。

建立“信息供应链”的花费比建立垂直整合公司所用的花费要少得多。在供应链中，拥有最大优势的公司，不一定要在改革中拔得头筹，最早的不见得是最好的。无论是掌握重要信息资产的弱势参与者，还是掌握强大软件的后进者，都可能占有整体利润中的最大部分。能与消费者分享新利益，就能建立强大盟友网络，其力量甚至可以改变平衡状态。

信息革命要求公司在规划上作出重大改变，而且很多公司已拥有了必备的技巧。

——拉里·唐斯

二 如何建立好的“策略发动机”

好的“策略发动机”可以形成好的策略组合，这些策略有些很实用，有些却不得不放弃。信息资产是“策略发动机”的原料，例如品牌、专业技能与市场情报等。运用这些信息资产，“策略发动机”便能重整企业，使这些资产得到更进一步的利用。如此一来，“策略发动机”就会每天都与企业的规划与执行能力相结合。

革新的 3 个阶段的所有改变，都是同时发生的，传统商业策略计划工具已派不上用场，你需要一些不一样的东西，那就是“策略发动机”。

好的“策略发动机”可以通过整合下列投资组合，分散风险：

（1）计划投资。它是指使公司能更有效地满足顾客需求。每项计划都应以改善生产力为目标。在

"策略发动机"投资组合

计划投资　风险投资　选择权投资

第一阶段 效率　第二阶段 取代　第三阶段 成形

大多数情形下，这将涉及使用更成熟且结构良好的技术。

（2）风险投资。它是指扩大并强化公司进入新市场的能力。"风险投资"在大多数情况下是指采用新方法做生意，且通常都是以和其他公司合作的方式进行。公司可投入任何自己觉得可以放心调度的资源，直到弄清这些新点子是否有利为止。多数"风险投资"都混合了新、旧技术。

（3）选择权投资。它是指对若干新科技投入小额金钱或其他资源，若能照计划发展成功，就会带来革命性的变化。事实上，这些科技多半不会成功，以至于投资人终将会放弃投资，这种情形投资人也能坦然接受。"选择权投资"完全是以这类实验性科技为对象。

请注意，分配"策略发动机"投资组合的资金，并没有固定且简便的规律可循。有些公司会固定地从年营业额中拨出若干百分比（如5%）的资金给“策略发动机”，其他公司则会从现有信息科技与产品研发预算中拨出资金。重要的是，一旦建立起合理的资金分配方式后，无论前景荣枯、营业收入增减，都要坚守原则。

好的“策略发动机”投资组合有如下特点：

（1）焦点应集中在顾客需求上，而非公司目前能提供的价值上。换言之，有价值的“策略发动机”能洞察未来可做什么样的事情，而不是企图把目前已进行的事情做得更好。

（2）以顾客的喜好而非基本需求为着眼点。例如，顾客可能会对自身成为网络银行使用者感到不安，但他们却喜欢运用网络支付账单，以便每天可以节省一些时间。

（3）与相关社交媒体产生关联。只要能把顾客组织起来并提供好的营销工具，这群顾客就会帮你找到更多有相同想法的人，使之成为企业的新顾客。

（4）帮助企业发掘其长处。例如，有些抽象资产（如品牌、客源、供应链关系或特定的专业知识等），往往不受企业管理者重视，因此在开发策略性投资组合时，这些资产的真正价值很可能会浮现出来。

从概念上看，策略性投资组合无疑是应对时代快速变化的好方法。投资数种不同发展方向的观念，在能源、石油、天然气、农产品等快速变动的市场中早已确立。同时依据这3个阶段进行投资，无论业界未来有任何变化，企业都能立于不败之地，且有利可图。创投者会凭直觉找出本企业所属行业的演变方向，这样在规划上就更加有弹性。创投者并未试图让每次投资都正确无误，反倒是希望以信息为基础，把资源投给具有无限潜力的公司。如此一来，无论市场朝哪个方向发展，创投者至少会在某家极其成功的公司身上押对注，运气好的话，还会连带押到其他几家表现良好的公司。

投资组合就像“策略发动机”的蓝图，凭借无形的资本，以企业的信息资产作为运转的燃料。这些资产可能具有多种形式，包括标志、品牌、版权、专利权、注册商标、专业知识等。信息资产是经济发展的重要推手，在大多数产品与服务成本中占有越来越高的比例。

然而这些信息资产的价值很难量化。出售公司时，信息资产会出现在账面上，但一般的会计原则并不承认这种资产的价值。况且，信息或无形的资本并不遵循其他产品的经济规律，如下文所述：

（1）信息不会被用尽。信息是可以不断更新的资源，无论怎么用都不会变质或减少。

（2）人人都可以同时使用相同的信息。相同的信息资产可以同时提供给无数的使用者。如若必要，即使相同的信息，也可能有不同的用途。

（3）使用人数越多的信息资产，就越有价值。举例来说，道琼斯工业指数就极具价值，因为有很多人在密切注意着该指数的高低。因此，信息流通越广，价值就越高；信息流通越自由，增值就越快。

（4）信息被误用则会破坏其价值。例如，好品牌配上劣等产品，只会削减品牌价值，并不能起到改善产品的作用。

因此，“策略发动机”最重要的工作是挑选出有价值的信息资产，并应用在策略投资组合中的每项投资上。最常见的情况是，在这3个阶段，机会将以不同的形式出现。

◎ 第一阶段：效率操纵交易成本的手法。效率阶段的当务之急，就是善加运用公司现有的信息资产。一旦认清内部效率的真实状况，就可转换成能出售给顾客的新服务，这就使交易成本大幅降低。

◎ 第二阶段：取代信息服务。公司在取代阶段应开始思考，谁会认为这样的信息交易是有价值的。这一阶段以收取交易费作为经营网络市场的手段，然而这并非获取最大利润的最佳方式，因为复制抄袭的成本很低。相反，此时的最大附加价值在于网络市场操作者可以运用信息清楚地了解整体市场。这样的知识信息可转化为新产品和服务，如信用保险、特别设计的财务工具或避险工具、详尽的消费人口统计信息等。

◎ 第三阶段：成形信息产品与服务。在这一阶段，建立完善的信息供应链后，公司就可利用这些信息调整、改善产品，甚至可能实现以电子方式传送精准的产品与服务的目标，提高获利能力。

整体来看，这3个阶段会影响公司业务重心，使其从供应产品转向为顾客提供服务。事实上，就信息资产来说，区分产品和服务会变得很困难。举例来说，你购买了某项产品，却可以从网络上收到产品的升级版本、维护与培训等服务。随着信息供应链越来越发达，要辨识产品与服务的分界线就会越来越困难。

要做到更好地分辨产品与服务的界线，就必须不断为“策略发动机”注入新理念，并将此理念开发成新产品与新服务。困难的是，企业必须持续进行此活动，而非一年只做一两次而已。要达成上述目标，“策略发动机”就必须结合企业运营，创造一个“点子引擎”。

拟定策略并非单一事件，而是一个过程。企业需要一台天天都能做到下列事项的发动机：

（1）接收企业输入的所有与市场、顾客及产品相关的信息。

（2）设计一套包含计划（效率阶段）、风险（取代阶段）和选择权（成形阶段）的投资组合。

（3）开发成功的新信息产品与服务。

（4）把新信息产品与服务反馈给“策略发动机”，以便更进一步精细调整与完善投资组合。

（5）当更多新理念出现，并持续反馈给“策略发动机”后，就会使其进入另一个周期。

总之，“策略发动机”有一项最不可思议的特质，就是输入、输出的东西都是相同的。市场调查、综合交易信息、商业情报、产品设计专业知识与人力资本，这些信息最初都是用来研判策略的，但在投资组合产出信息产品与服务后，就会有更多信息涌入系统。“策略发动机”如此不断演进，就会产生更多有价值的信息资产。当这样的循环周而复始、持续不断地运行，“策略发动机”的稳定性就会越来越好。

接下来的挑战，就是要建立一套优良的技术结构，使“策略发动机”产出的信息资产能够影响公司作为。擅长此道的企业，其结构通常格外灵活，能随时根据需要重组。但即使成功组合了良好的“策略发动机”，要想维持其有效运转仍需要定期进行保养与维护。

摩尔定律、梅特卡夫定律以及交易成本的高低是信息革命的推手，也是规划投资组合的标杆，但彼此的方向不同。规划策略性投资组合时，必须学

会对众多不同方向的目标都投资一点，即使投资的目标互相矛盾也无所谓。在管理投资组合的过程中，就算必须缩减其他方面的努力，企业也会了解到有些计划需要马上展开。通过审视企业内外的不断变动，就会发现什么时机企业该进行渐进式变革，什么时候又该不顾一切地彻底变革。

规划策略性投资组合和通过并购或投资不相干公司及活动来分散投资，完全是两码事。投资组合的重心，永远是为了从现有资产中获取最大利润。策略性投资组合并非只是单纯地拼凑一堆东西，而是为了企业可持续经营。

信息革命时代的策略规划是涉及范围广泛的规划，通常要耗时几个月甚至几年。企业通常会委托或外聘顾问将规划做成一项能彻底解决问题的方案，这一过程与企业以往的传统规划截然不同。当今，企业必须把信息科技放在所有活动规划的核心位置，并持之以恒。然而，1999~2000 年间的互联网迅猛发展，情况却并非如此。投资者与商业媒体的狂热，加上对瞬息万变市场的焦虑，促使许多公司把电子商务作为优先发展的对象，而对公司在市场变化中该走向何方却毫无概念。这些缺乏依据的出击行动，一旦面临内部冲突、不相干的产业停滞或网络股价暴跌等问题，便会造成许多仍具有可操作性的计划因此无疾而终，计划背后的策略也就被遗忘了。产业变革的动能从未停歇，这股动能依靠的不仅是股市的推波助澜，还有更小、更快也更便宜的电脑产品的持续发展，以及全球信息网络的不断扩张互联。即使你所处的行业尚未受到波及，但不久后也一定会遇到效率、取代或成形这 3 个阶段的大规模威胁。新竞争者起落、联盟以及合作关系的出现或破裂，可能会导致你永远无法清楚地认识新的供应链。尽管你和竞争对手会因此而回头，集中精力把重点投资放在改善产品性能上，但其中所结合的科技，却可能会毫无预警地点燃一连串变革。

在“每种投资形式该持有多少比例”、“投资组合多大”、“该投入多少费用在策略性投资组合中，或分配多少百分比的预算”等问题上显然没有通则，但策略性投资组合的目标是发展新产品或新服务，从而使自己的立足点更加稳固。如果价格一下滑就改变策略，那就只能一直被波动的市场钳制，每次的市场波动无论好坏，对你而言都犹如大难临头。

若待经济景气时，公司才重新开始长期投资，那就像过于忙着服务顾客，无法专心思考自己的投资组合一样。其实最好的投资时机，就是经济停滞或萧条时期。

——拉里·唐斯

三　如何维持“策略发动机”的运作

建立“策略发动机”很容易，操作却很困难，因为“策略发动机”会彻底改变企业的运作方式。因此，企业必须克服许多内在障碍，特别是惰性或内部反对改变的阻力。若将惰性转化成催化剂，便能使“策略发动机”运转得更快。

要发展“策略发动机”必须要克服掉一连串的障碍，其中最顽固的障碍是企业内部不愿改变目前作业方式的惰性。其实，所有大规模变革通常都会遭遇相关利益主体各式各样的抗拒。处理这些障碍的最佳方法就是将障碍转化成变革的催化剂。要做到这一点，需经过下列 4 个步骤：

（1）找出最该克服的障碍。这类障碍包括沟通渠道的冲突、法规的限制、优惠贷款的取得、人力资源的局限等。

（2）尽可能建立企业免疫力。企业需协助员工了解对变革反感的原因，而原因无非是人们对未知的恐惧。换个角度说，企业要帮助员工了解变革是不可避免的，最好的方法就是接受，要主动出击，不要被日后发展中的任何风吹草动吓得“四处逃窜”。

（3）内化问题。请公司中受新投资影响最大的主管负责推动与宣传此项变革。通常，预测谁是变革的最大反对者是很容易的事情，但更重要的是，要跟反对者就所有问题进行讨论，厘清反对者的疑虑，帮助他们看清前进的方向。只要能让反对者对未来的可能性感到兴致勃勃，那么这种乐观态度就会传遍公司。

（4）把障碍转化为催化剂。此时会面临正面迎战内部局限的情况，因此需要公司高层人员大力支持。当然，也需要有人负责宣传说明新计划的好处并带领大家前进。

当受影响最大的人愿意负起责任时，“策略发动机”才能发挥最大的运作效益，全员共同寻求克服突发问题的方法，这时就必须由首席执行官领军运转这部机器。如果首席执行官有意解决问题，那么所有人都会收到采取相同行动的信息。相反，若首席执行官对操作“策略发动机”的好处有所怀疑，就等于邀请其他人表达各自的疑虑。在此情况下，除非新事业领域出现外来压力，否则“策略发动机”的燃料供给很快就会被切断，并宣告停止。

以下为影响“策略发动机”效率最常见的5种内部障碍：

（1）公司上下一致排斥新科技。在经营有成的公司中经常会发现，用新的激进产品去代替现存的有收益产品是非常困难的尝试。或许公司管理人员的工作任务已经很繁重了，不愿再分出时间和资源给刚萌芽的创新产品。

构建扁平式管理部门来规划、营销新技术是把这种障碍转为催化剂的最好方法。不要依靠原有部门处理新科技，而是要设立更能切合新科技需求的新部门。如此，新科技才能有机会成长，甚至有的企业会因新科技在商战中的成功而摒弃原有的管理部门。

（2）文化震撼。经营状况越好的公司，越难改变其做事方式。毕竟公司文化是围绕其历史、有魅力的领袖、伟大商战故事等发展而来的。

幸运的是，并非所有公司的文化都会阻挠其变革。有些公司拥有大胆创新的传统，欣然接纳科技的突破；有的则是以降低成本为主，接纳一切有助于降低成本的新事物。因此，将这些大障碍转为催化剂的最可行方法就是在选择加入策略性投资组合的科技时，将公司文化也列入考虑范畴。若遗漏了这一点，企业管理者必须对员工进行一对一的新策略宣传，直到每一名员工都了解公司愿景为止。

（3）营销连自己都不了解的产品。所有营销人员都知道，好的营销策略规划的秘诀就是“只卖自己了解的产品”。信息革命虽为信息资产（如品牌）创造了无数的新用途，但公司内部人员对从未接触过的产品，还是缺乏尝试的意愿。

要把这种障碍转变成催化剂，就需要把眼光放得更长远。只要人人都明确知道营销的关键是解决客户问题而非销售产品与服务，那么大家就会倾尽全力地找出全面解决问题的新方法。这时，员工工作的重点就变成要找出能传递公司核心价值观的最佳方法。

（4）缺乏人力资本。公司的高级主管主要从事的是公司的管理执行工作。这些人之所以能够担任主管，通常是因为在公司内表现优异，而不是因为他们开拓新市场、改革供应链或将产品转变为服务的能力。这些主管可能不喜欢甚至是厌恶创新，也就是说，企业想吸纳喜爱变革的新人加入时，就会遭受阻力。

将这种障碍转化成催化剂的过程往往是非常混乱的。此时要改变这些缺乏创新的人，倒不如请他们“走人”，像采购、行政、制造、营销等工作可以移交给外包公司。只要放弃公司内部那些对新策略无关紧要的功能，就会发现许多外包公司能更有效地执行这些功能。但想要一次性解决这些问题是不太可能的，必须要反复斟酌哪些功能应保留在公司内，哪些是可以外包的。

（5）新旧整合的困难。发展新策略时，新科技与新元素要想搭配得天衣无缝，一定会涉及到技术性问题。除了必须考虑前人留下的系统外，还要适应信息供应链的演变，毕竟信息革命时代需要培养的是可不断更新系统的能力。

要将此障碍转换为催化剂，必须从上而下、系统地、全面地建立新科技的结构基础，不然就会出现“东一块补丁、西一块补丁”的状况，导致整个结构混乱。

除了上述5种内部障碍外，还有3种外部障碍，也必须转化为变革的催化剂：

（1）沟通渠道的冲突。“策略发动机”投资组合中的每项投资，都会影响公司原本的计划。供应链每一次的变革与演进，都会使一些人丧失一些利益。然而，这才只是分裂的开始，当类似效率不高的缺点日渐暴露，再逐一被消除后，公司内部就会产生更多的问题。

假如你不肯做任何引起同事不快的事情，就等于把竞争优势拱手让给那些以顾客利益优先的竞争对手。无论你多么努力，都只不过是让既定的结局延后发生罢了。从现实角度看，要把这种障碍转为催化剂的有效方法，就是接纳沟通渠道所产生的冲突，把冲突视为信息革命必然的副产品。你的工作重点应该是掌握流向顾客的信息而非产品，凡是与顾客有直接接触的人，就位于操纵信息供应链本身价值最有利的位置。因此，若不能亲自掌握信息流向，那就要跟拥有这种关系的人结盟。

（2）法律规章。在大型商业市场稳定发展中，商业法规与执行皆不可或缺。

上述所有障碍，法律最难转变成催化剂，因为牵涉范围非常广泛。因此，最佳对策如下：

◎ 保持警觉。注意法律对“策略发动机”投资组合中每项投资的影响。换言之，要懂得与企业特殊处境相关法律的具体知识。

◎ 游说与推动法律修订。呼吁立法者通过建立对企业信息供应链有利的新法律，努力使供应链的所有参与者，尤其是顾客能够受益。

（3）找到未来的资金来源。拥有策略性投资组合，可能听起来很有吸引力，但在一些具体时间节点上，总会有人问：“我们拿什么来支付？”这个问题对投资组合中大多数投资来说是很大的挑战，因为我们无法准确预测出这样的投资会有多少收益且何时能有所回报。

把这项障碍变成催化剂的最好方法就是做到如下两点：

◎ 将第二阶段（取代）与第三阶段（成形）的所有投资项目进行整合，并尽快成立独立公司进行运作，再由市场决定公司的市值。

◎ 成立企业创投小组。由小组累积一定数量的成形选择权，在市场上进行测试，并尝试和顶尖的企业家一起合作投资。

关键思维

当你想建立一个联系顾客与供应商的“信息供应链”时，最大的难题通常都与科技无关，而是在于资金、法规以及公司内部和外部的冲突。即使是有利的变革，也仍然会困难重重。抗拒变革是人的本能，不过仍有一种方法可以克服人类的这种本能，那就是“领导”。

管理公司的投资组合，首先应从管理自己的投资组合开始，投资自己的技能、专业知识、人格品牌，积累自身的无形资本，然后激励同事、客户与生意伙伴跟进。“便携式电脑”时代的到来就跟蒸汽引擎时代一样，时机成熟自然会水到渠成。

——拉里·唐斯

活用策略，领导企业走向胜利

The Art of The Strategist

10 Essential Principles for Leading Your Company to Victory

原著作者简介

威廉·科恩（Willian Cohen），曾担任领袖艺术学院主席，多伦多国际学院教授。科恩在美国空军部服役期间曾获少将军衔，在军职生涯之外，也曾在赛拉工程公司担任研究主任，在麦道飞机公司担任营销经理。科恩是知名的演说家，更是策略规划与执行等领域的权威，相关著作超过50本，包括《新领袖艺术》《英雄本色》《将才之智》等。

本文编译 陈智文

主要内容

关键词解读

策略定位

西方策略管理的精髓是正确的策略定位，而企业决策者最重要的工作，就是持续审查本企业的策略定位是否正确。过往成功的策略在市场、科技、竞争对手等因素不断变化的情况下，并不能保证仍能在未来取得成功。此外，每个企业都有不同的资源与文化背景，竞争对手成功的策略也不一定适用于自己的企业，这与《孙子兵法》中讲究灵活运用的道理是相通的。

经营策略大师迈克尔·波特（Michael E.Porter）认为策略定位应坚持6项原则，分别是：起始于一个正确的目标，传达不同的价值与利益，实施不同的价值链活动，独特性的交换考虑，生产元素的搭配（整体组合观点）以及策略方向的持续性。只要把握这些原则，并满足顾客的独特需求，成功率是很高的。企业策略的制订要因时因地而异。企业的每项目标，相对拥有的资源、能力与所处的环境，都会随着时间不断变化，这就是策略的奥妙之处。因此，企业的策略必须是灵活的、充满机动性的。企业必须根据当时所处的外部产业环境、趋势变化、竞争者的策略动向、内部长短期目标等，不断加以调整改变，才能应对挑战，从而更好地生存。

出其不意

在商场上，企业运用出其不意、攻其不备的策略，再搭配一点胆识和创意，往往可以取得意外的收获。这种突然出击的成效通常难以估计，因为此举不仅能够弥补既有资源的不足，而且也不需要有多优越的表现，只需要有胆量并以出人意料的方式满足市场需求，成功率是很高的。例如，采用和其他人完全不同的做法、选择其他人不敢尝试的冒险之举等，都是利用出其不意原则来创造市场优势的方法。

沙拉·李食品公司的发展便是运用“出其不意”策略的绝佳例子，沙拉·李食品公司的产品有雪藏蛋糕、超大号热狗、可以微波的香肠和早餐比斯吉等，每项新产品的开发模式都是把“突破性概念”当作核心理念，并取得了非常好的市场测试结果。然而，在全国市场广泛推广后，这些产品却被缺乏创意但更有时效性的竞争产品仿效。沙拉·李食品公司非常擅长开发新产品，但在新产品的营销工作上却是一塌糊涂。之后，沙拉·李食品公司将资源投放在开发新产品上，再将新产品授权给其他制造商制造，并向这些制造商收取一定比例的费用作为前期开发产品的报酬，这种做法不仅使公司更容易经营，而且也获得了更高的利润。沙拉·李食品公司能在市场上取得成功的关键，便在于其擅长运用公司的创新能力，在对手毫无预料的情况下忽然转向，不去直接迎击竞争对手，而是成为创意的供应商，开创出另一番事业。

◉ 5分钟摘要

做好商场、职场的策略定位，出其不意就能攻其不备

为何有些公司业绩蒸蒸日上，而其他一些拥有更好资源的公司却总是不了解自己真正的潜力？除去虚假的外表和无关紧要的因素之后你会发现，优胜者执行的策略往往比竞争者更好、更周全。如果这些成功的策略原则能得到系统地整理，并加以学习运用，你也将有机会取得同样的成功。

“策略”(strategy)一词源自于希腊文的“Stratēgia”，意为“将军的技艺”。策略研究并非始于商业竞争，而是起源于人类战争。“商场如战场”这句话也是没有依据的，原因如下：

◎ 生意失败与战争失败的后果完全不同。

◎ 战争并非持续性的活动，而成功的生意却可以无限延续。

◎ 速度是战争胜利的必要条件，但在优秀的商业行为中这一点通常无关紧要。

如果将“战争”作为商业策略模式，那么聪明的做法便是找出军方采用的杰出关键策略原则，并分析这些原则该如何运用在商场上。

一　10 大基本策略原则

1. 集中所有精力投入到一个明确的目标中

策略原则的基础是制订明确的目标。在目标确立之前，无须有任何进展。

有效的策略原则必须要结合生理、心理和精神三方面的力量，三者协调共同实现具体的目标。要赢得竞争，你必须想办法将这三种力量结合起来，使其朝着共同的目标迈进。

提升策略的可行性需要做到以下几点：

（1）彻底想清楚目标中的所有细节。这需要你能够向自己及协助你的人清楚地解释你的目标。唯有能够清楚明白地解释目标，才可能有效地推动目标。

（2）对确定的目标立下公开承诺。这会使你没有反悔的机会。大多数人不愿意这么做，是因为他们担心这样会让自己看起来很愚蠢，但这是执行力的一项保障。例如，肯尼迪总统于1961年5月25日在美国参众两院联合会的发言：“我认为我们应该努力实现一个目标，在20世纪70年代结束前，将航天员送上月球，并让他安全返回地球。”

（3）积极且持续地推动目标。对任何人谈及你的目标时都应如此。要让大家对你投入目标的毅力毫不怀疑，确信所有计划终将有序完成。要抓住每一次机会推动你的目标。

（4）预先考虑过程中可能会出现的阻碍。准备好有效解决问题的方案，不要将过程中的阻碍视为策略的瑕疵。要事先把可能会出现的问题找出来，想清楚可以运用什么方法解决这些问题。把实现目标后会有哪些好处写下来，以此经常提醒自己；当阻碍真的出现时，这么做可以强化自己努力奋斗追求目标的信念。

（5）随时准备在必要时调整策略。这并不是说要改变最终的目标。换句话说，努力追求目标，但要清醒地认识到实现最终目标的方式，可能和自己最初规划的不一样。重要的是结果，而不是过程。

关键思维

我之所以总是表现得胸有成竹，那是因为我在作出任何承诺前，都经过了长期的深思熟虑，并对可能发生的情况作出相应的预测。从来没有什么从天而降的高人指点我该如何应付别人难以预料的困境；应对困境需要的是思考和计划。

——拿破仑·波拿巴，法国军事家

人们愿意追随对明确目标展现出非凡信念的领导者。这种信念的基础来自于：生理、心理和精神。要赢得竞争，就必须将它们合为一体，确立我们的目标。任何策略家都是从清楚地确定一个明确的目标开始的。

——威廉·科恩

2. 采取主动并保持领先

选择最有利的行动时间和地点立刻采取行动，使竞争对手陷入守势。之后，你必须不断前进以保持优势。

优秀的领导者都知道，没有所谓“完美”的形势。

他们会利用大胆的行动赢得优势，取得领先。然后，他们还会不断给自己增加更大压力，督促自己保持优势。

取得并保持优势的方法：

（1）彻底仔细分析所有情况。这是市场创新计划的基础。详细分析所有情况，也有助于避免作出可能引发恶果的行动。

（2）试着找出其他人错过的潜在机会和新的解决方案。由于商业环境的变化、竞争者采取的不同行动、新科技提供的便利等，都会促使不断寻找更好的方式来满足顾客、帮助员工或提供更好的产品与服务。

（3）立即行动。巴顿将军最著名的一句话是："立即强力执行的好计划，胜过下星期才能出炉的完美计划。"不要因为过度分析和迟缓使计划瘫痪，而要果断行动。

（4）大胆行动以赢得优势。这表明你必须承担风险。如果你已经对形势有了正确分析，你就会知道有哪些风险。要有承担风险的准备，才能勇敢向前迈进。

（5）取得领先后，要继续给自己施加压力。如果竞争者总是在你后面苦苦追赶，你就需要在过程中随时为产品增加价值并改掉缺点。当竞争者追上你的产品时，你就需要立即推出新一代产品，从而保持市场领先地位。

只要运用自己的优势和资源，尽力而为即可。

——罗斯福，美国前总统

你是否曾经疑惑，为什么公司的奖励总是由积极主动的人获得？那些只想守株待兔或被动执行的人则很少能够成功，那些等待竞争对手支配自己行动的策略家也一样。巴顿将军曾说："我不在乎敌人想做什么，我只在乎自己想做什么。"巴顿知道采取主动是所有策略的要诀，无法抢得先机便是重大失误，尤其是在竞争的情况下。无论你反制敌人行动的能力有多成熟，都无法单纯凭借抵挡竞争者的行动而获胜。

——威廉·科恩

没有风，就用力划。

——罗马谚语

主动出击，我们的成功会更快降临。

——无名氏

3. 集中资源发挥最大效益

确定什么是自己最大的竞争优势，然后集中所有时间、金钱、人力、影响力以及其他各项资源，开拓这项优势，发挥所有资源的最大效益。

你无法在所有领域里都享有优势，那只会导致你走向平庸。相反，你应该认真分析自己和竞争者的情况，找出自己有哪些更强的地方，然后尽其所能加强这个部分。若有必要，可以精简企业的其他部分，把资源集中在能够发挥最大效益的地方。

集中资源需要注意以下两点：

（1）有所取舍。这意味着愿意将边缘地带的资源用到效益最高的地方。任何竞争形势中，赢家永远是资源最多的人。确保你的资源都在正确的时间集中用在正确的地方。主攻擅长的市场，远比试图涉猎所有市场要好。

（2）勇于承受风险。你或许必须被迫退出一个日后会大有发展的市场，或者因为策略原因必须和拥有更多资源的竞争者角逐同一块市场。当这种情况发生时，就需要你调整计划使其能更准确地适应市场条件。风险是无法避免的，但如果你的方法很有弹性，就可以降低风险。

一个小孩“认为软件很酷”的念头，最后竟然创造出一家拥有世界顶尖人才的公司。他们的软件被全球数亿人使用，这样的演变确实令人惊异。我拥有史上最幸运的机遇，但我也认识到，无论你多有能力，只有专注才能创造出世界级的成就。

——比尔·盖茨，微软公司创始人

将资源集中或聚集在某一项策略定位上，在执行上或许更容易操作。实现这一目标就必须制订规划，并把资源集中在效用最大的领域，这意味着其他领域的资源会被侵占，其他策略定位的资源也会被削减，这就是所谓的“节约”。资源集中必须与节约相辅相成，节约相对不重要、需求较少（或暂时性）的领域的资源，以便将更多资源集中在需要加强的策略定位上。

——威廉·科恩

4. 充分利用策略定位

策略定位就是要找出你的“施力点”，如果你能抢在竞争者之前占据这一点，你将赢得日后的战役。也就是说你要找出适当的策略定位，并且务必要赶在竞争对手之前确定。

聪明的策略家要为公司找出正确的策略定位，须具备下列5项认知：

（1）最佳的策略定位就是市场的“重心”。只要赢得这块市场，再去攻占其他市场将会更加容易。在这种情况下，基于长期与后续利益的考虑，应暂时延迟在其他领域的运作，先争取最具影响力的市场。

（2）目前你的“施力点”可能不具有太大的竞争优势，但未来可能会相当重要。你若抢得先机，那么未来长期的报酬可能相当惊人。

（3）明确的策略定位，能够显示你在市场上的优势。这表示你可以充分利用自己在市场上的独特优势。

（4）“施力点”可作为后续成功的踏脚石。“施力点”提供了一个市场入口，让你在未来可以利用这项优势。

（5）这个“施力点”可以让你在击败竞争者后，迅速转换到另一个战场。这就会迫使竞争者必须不断追赶你，而无法另辟蹊径。

虽然集中资源是需要拿出勇气和魄力的，但把资源集中在效用最大的地方就是策略定位的意义所在，即选择一个能创造最大效益的市场。

集中资源其实只是整体策略的一部分，另一部分是找到资源集中的最佳策略定位。

——威廉·科恩

策略的本质是，在重要的位置弱兵随时要具有超越敌人的武力。战争是形势之争。

——拿破仑·波拿巴，法国军事家

百战百胜，非善之善者也；不战而屈人之兵，善之善者也。故上兵伐谋，其次伐交，其次伐兵，其下攻城。

——《孙子兵法》

事情总是忙不完。问题是：我们到底在忙什么？

——梭罗，美国作家

5. 出其不意

用秘密、快速和大胆的行动袭击对手，夺取优势。如果你能用有效的行动抓住市场的注意力，便可以充分发挥你投入的资源和精力，打一场胜仗。

如何才能以出其不意的方式创造优势呢，以下5点便是答案：

（1）不同寻常的举动。这意味着要选择和其他人完全不同的做法。颠覆传统的观念，找出适合自己的做法。

（2）选择其他人认为不可行的路径。这意味着要打破传统的认知。任何事情一般都有许多种做法，只是大家通常喜欢跟随大部分人的脚步。实际上你应该寻找更好的做法满足顾客的需求。

（3）尝试树立“星际迷航”的精神。你要勇敢地向无人探索过的领域航行。创新的想法和大胆的行动或许能成功，或许会失败，但值得去尝试。

（4）勇于挑战“不可能”。要敢于从事其他人不敢尝试的创新之举。也许传统的观念是正确的，但如果是错误的，你的创新之举就能创造出惊人的成果，这样你的表现就会胜过竞争者。

（5）放慢速度。你可以出人意料地放慢你的速度。换句话说，就是让竞争者成为市场的先锋部队，然后分析他们的产品，想办法用更好的方式做同样的事情。只要细心分析，就会发现竞争者可能留下的漏洞，从而使你能够改正其缺点，做得更好。

自古以来，出其不意的原则就在各行各业不断展现出很好的成效。在商业领域，无论公司的规模、

地点或竞争形势如何，能不能有出其不意的表现，对其成功与否有着重大影响。事实上，在结合了保密、速度、原创性和胆识等因素的情况下，出其不意的行动往往会使对手感到措手不及，直至转移到其他市场。

意外之举能弥补资源的不足，谁又能总有足够的资源呢？

前所未见的举动，就是出其不意。也许你应该尝试进行一项创举。

——威廉·科恩

不论事物是使人感到愉快的或可怕的，能被预知的部分越少，就越能使人感到愉悦或害怕。

——色诺芬，希腊作家

6. 保持简单

行事越简单，人们对得到的结果就会越满意。由于简单，执行的人了解并遵循计划也比较容易，更可以减少出错的可能性。总之，行事越简单越好。

“简单”在所有领域都是很有价值的原则，在商界尤其有用。若有公司试图执行复杂的商业计划，那么不可避免会遇到大大小小的问题，这些问题会使公司陷入泥潭。反观那些规模较小、行动更灵活的公司，因为不必承受复杂计划的负担，反而能以较低的成本满足顾客的需求。

要使商业策略保持简单，可以参照以下几点：

（1）使需要协调的企业维持在最少的数量。企业的一切事情尽量由内部解决。用创意的想法取代别人所拥有的资源，你将会惊喜地发现，保持简单的成效竟然如此之大。

（2）在公司内部建立简单、清楚的关系。这种关系简单到每个人都能毫无疑虑地了解彼此的定位。理想的状况是，在一个项目团队中由一个人主管一项计划，其他人都依据他的指令开展工作。这样的做法就可以使团队中的每个人为你要的结果努力，然后根据每个人的工作成效论功行赏。

（3）下达简单的指示和命令。这能使执行者更好地了解你的要求。无论你的策略有多么高明，如果执行者无法了解，那么仍然会面临失败。因此，要清楚简单地传达你的要求和指令。

（4）寻求简单的方式解决新问题。企业要避免总是用过于复杂的方案解决问题。我们的目标是把事情完成，而不是证明自己的聪明才智。成功永远属于那些能用简单方法解决复杂问题的人。

关键思维

最好的行动是简单的行动。

——拿破仑·波拿巴，法国军事家

简单就是伟大。

——爱默生，美国作家

在任何领域，过于复杂的计划通常都会因本身的复杂性而失败。“保持简单”这个古老的策略原则，适用于战争、运动竞赛、企业商战、工厂管理等各种人类行为。

策略家决定的任何策略，最终都必须被执行，否则一切都是空谈。行动的构成要素越多，行动失败的可能性就越大。如果你必须执行的策略行动过于复杂，难以贯彻执行，其他人可能也很难遵循各自该执行的计划。计划越复杂，可能出现的问题就越多。复杂曾经导致许多高明的计划在执行时失败，因此，简单本身就很有价值。

——威廉·科恩

7. 准备多重、同步的替代方案

要对问题进行多重思考，策略计划中必须设置替代方案。当不可避免的阻碍出现时，就可以尝试使用多种方法解决问题，而不必死守单一的方案。因此，从制订计划开始就要考虑多种替代方案。

每一项策略都必须事先准备好可行的替代方案，因为事情随时都有可能发生变化。事先考虑其他可行的备选方案，等于给自己创造更多成功的机会，而不必在某一种方案上孤注一掷。

我们需要多项替代方案的原因有以下几点：

（1）在实际工作中，有些事情常常不能完全按计划进行。因为意料之外的阻碍会经常出现，所以准备好替代可用的方案能增加成功的机会。面对任何竞争，有弹性的替代方案都是制胜的一大法宝。

（2）竞争者会尽其所能阻碍你。准备好可替代的方案，你就可以选择其中足以抵消竞争者行动的做法。积极努力，你甚至能改变局势。

（3）原定计划的成效可能不如预期。与其从头再来，不如在代价最小的情况下，从原始的构想转换到替代方案。

（4）或许能对竞争对手产生威慑力量。竞争对手会认为你将同时执行几项策略方案以便主导市场。接下来，你可以在取得足够的资源后，同时采取几种方法。

面对阻碍是策略家的生活常态，他们每天都必须预测难以预测的事物。人通常是最难预测的，因此人的因素必须列入考虑范围。天气也可能是影响因素，经济情况也可能随时转变。一项经过设计的替代方案能够让策略家在继续朝目标前进的过程中更具灵活性，从而避免产生重大问题。

多重的同步替代方案原则使我们懂得，即使在目标维持一致的情况下，应如何在追求目标的同时保持弹性。如果我们执行的策略无效，或不如计划中的有效，仍死守原定计划继续执行便是一种愚蠢的行为。我们必须找出另一种策略，准备好随时可行的替代方案绝对是有利的。

计划要想得到良好执行，需要各阶层优秀管理者的引导，成功的管理者不会局限于策划人员告诉他们该怎么做，他们会对策划人员说："我要得到这个结果，告诉我可以有哪些做法。"当策划人员研究出各种可行方案，管理者只需选出其中一种作为实施方案。

事实上，要想获得成功，无论每一项策略有多完美，都应该同时准备多项替代方案。

——威廉·科恩

8. 朝着目标迂回前进

研究产业中所有的关键要素，如产品、定价、营销方式等，然后找出一个无人涉足的项目作为起点，做一件竞争者做不到的事情，彻底绕过竞争者，另辟战场。换句话说，不和竞争者发生正面冲突是一种聪明的做法。

直接竞争意味着和强劲的对手进行"肉搏战"，

这并非明智之举，因为他们通常拥有很多资源。因此，较有效的方式是间接竞争，用不同的产品、定价、市场区分、地理位置、营销方式等进行竞争。

间接手段效果最佳的情况有以下几种：

（1）你能执行策略但竞争对手不能。比如竞争对手决策的速度没有你快，或者他们的定价模式必须分摊更多的间接费用等。

（2）竞争对手无法复制你的做法。这可能意味着你主导的是某个小众市场，而他们瞄准的是一般市场。

（3）你能避过竞争对手的雷达。如果竞争对手认为你太弱小、不值得担忧，这就是你执行这种策略的理想状况。当他们察觉你的行动时就已经太迟了。

（4）无论如何你都有利可图。举例来说，你可能是提供基础设施服务或商业服务的供应商，当两家竞争公司正面交锋树立品牌的时候，你可以通过同时为这两家公司提供服务，低调赚钱。如此一来，无论谁赢得这个市场，你都能够安然无恙且有利可图。

利用间接手段的条件是你必须预估出行动结果的可能性，并分析竞争对手的反应能力。结合间接手段、集中资源、出其不意、经济形势等策略原则，在竞争对手的整体实力远胜于你的情况下，也能为你带来极大的竞争优势。

单是知道“出其不意”原则或“时机很重要”原则对你毫无帮助。实战运用要复杂得多，了解什么情况该如何应用这些原则以及什么情况该忽略这些原则，才能赢得竞争。此外，企业领导者的个人直觉以及企业文化也必须纳入考虑范围。对某家公司而言高明的策略，用到另一家公司却可能是场灾难，即使他们的资源和专业能力都相同。

两点之间直线距离最短，那是在几何学中的道理，不适用于策略学。面对竞争，直线不一定是实现目标的最佳方向，这是任何一位足球教练都懂得的道理。

——威廉·科恩

9. 确定最佳时机和顺序

在错误的时间做正确的事与做错误的事一样有害。有时候你应该评估到底哪种方式对公司是比较有利的，是应该争取先占者优势，还是等别人做好所有研发找出所有问题后再出击。策略必须整合正确的要素和最佳的时机。

在商场上，时机就是一切。在错误的时间采取正确的行动，也可能造成极大的损害。某些情况下，甚至会使公司迅速陷入重大失败中。例如，某些公司尚未备有足够的产能，便试图去开发市场，最终导致失败。因此，按正确的顺序做事同样也很重要。

要使策略能够把握好时机，必须回答好下列 4 个关键问题：

（1）何时该采取具体行动。这需要判定自身情况，是必须领先市场才能掌握竞争优势，还是最好让其他竞争对手先走一步、从他们的错误中学习完善。这两种策略各有优劣，应当事先考虑这一点。

（2）该如何安排各项行动的先后顺序。例如，你需要判定，如果向对手暴露实力是否能阻止他们与你竞争，还是这么做反而会促使他们进入同样的小众市场。因此，在适当的时间采取正确的行动非常重要。

（3）必须持续推出一连串行动，或是应采取间歇性出击行动。也就是说，你能否通过持续或定期加入新的特色，创造更大的商机。

（4）这些行动在未来可能会被重复推出。如果你采取的是一次性的行动，这些活动的操作方式必然与每个月重复一次的活动不同。如果你的活动可以重复推出，那么哪种频率的效果最好，这些都是必须事先考虑清楚的问题。

10. 充分利用来之不易的成功

除非你已经获取了最大利益，否则不要停止成功的行动。应仔细反思你的发展路径，只要有意义就继续做下去，积累你的成果。

大多数的事项，都需要有一段长时间的酝酿期，用来聚集所有必须的要素，一旦条件成熟，所有的事情似乎就在瞬间实现。由于成果一项接着一项出现，就会产生成功是同时发生的错觉。但事实上，所有事情唯有经过酝酿积累之后才能取得成功。这就引出了下面两个普遍的问题：

（1）有些人在一事无成的酝酿期深感挫败，因而放弃。

（2）有的人则稍有一点成就便停下来开始庆祝，没有继续努力以获取最大的成功。

要避免上述两个问题，就应该定期审查自己的策略是否在合理的时间架构内运行。评估策略的效用可通过以下几种方法进行：

（1）搜集可靠的情报。征询业界高手的意见，因为他们能够指出你是否走在正确轨道上。

（2）运用自己的判断力。相信自己对于策略是否有进展的直觉判断。

（3）事先设定一些标准。可量化与最终目标的距离。好的标准是整个策略发展过程的路标和分段点。

（4）分析过去可供比较的事件。在可比较事件中寻找相似点。举例来说，许多产业的产品生命周期是从产品诞生开始，经由成长和成熟，最终到产品衰退。确认你的产品处于生命周期的哪一个阶段，可供你确认目前的策略是否正确。

（5）与同领域的专家讨论。专家有能力预测出即将到来的科技进步。他们能够针对你的策略是否有很好的成功机会提出看法与建议。

（6）持续给自己施加压力。也就是说，不要因为过去的成功而松懈。如果你已经找到了成功的方法，不要骄傲自满，要继续利用环境的优势，尽一切可能利用有利形势，扩大成果。

计划和执行一项策略，就像准备一道佳肴的材料，或配制炸药的成分。在错误的时间行动，或行事的顺序不对，即使你采取正确的做法，或使用正确的配方，仍会得到失败的结果。

——威廉·科恩

永不放弃！绝对、绝对、绝对不能放弃！无论事情有多伟大或渺小、重要或琐碎——永远不能放弃！

——丘吉尔，英国前首相

二　执行策略原则

1. 根据外在环境制订策略

策略必须与执行环境相适应，若忽视这一点，再好的策略也会失败。在决定采用何种策略前首先要研究策略运用的环境。

在选择最佳策略的过程中，应考虑下列几项环境因素：

（1）你的人格特点。你对风险的爱好程度，你个人的优缺点以及个人行事方式的偏好。

（2）员工的各项能力。员工的专业知识水平、受教育程度、士气、工作经验和执行策略的整体能力。

（3）策略执行地区的地理环境等。

（4）市场文化。例如，目标客户是否习惯购买与你们的产品等级相同的产品。

（5）必须遵守法律和相关规定。这样能有效地制订企业的运营规则。

（6）可用资源的运用程度。你的策略是否充分利用了你所拥有资源的优势，或者是否包含了某些要素，足以抵消竞争者资源所造成的影响。

（7）整体经济和商业形势。目前是处于经济成长期还是经济衰退期。

（8）主要竞争对手。了解他们的领导能力、人力和资源情况。除了了解你的竞争态势外，还必须预测竞争对手可能的反应，以及你将采取何种行动反制他们的策略反应。

知彼知己，胜乃不殆；知天知地，胜乃可全。

——《孙子兵法》

你必须审查策略执行环境中的每一项变数，世上没有任何一项策略能适用于所有的环境，你无法重复操作同一个曾经成功的策略来面对未来的环境，并希望其能维持常胜。在此要告诉大家的是要顺应环境，而不是对抗环境。

每一种形势都受不同环境因素的影响。特定形势下的最佳策略必须考虑整体的执行环境，否则无论策略有多么高明都很有可能会失败。

——威廉·科恩

2. 懂得危机时该采取哪些行动

或早或晚，你都会遇到危机。对于领导者来说，真正的考验是当事情出错时，如何调整并执行新策略。优秀的策略家知道如何操纵逆转策略，扭转危机形势。

可行的逆转策略具有下列5项基本要素：

（1）主导形势并取得主动权。危机时刻需要大胆的行动，而不是详细的分析。迅速行动会吸引其他人跟随你的步伐前进，因为他们会认为你知道该往哪里走。

（2）建立一个明确的目标，然后展开大胆、果断的行动，朝目标前进。只有这样你身边的人才有坚定的信念和明确的榜样可以追随，不要只试图依靠搜集到的资料，而是直接展开行动。

（3）及时传达未来的计划和发布目前的进展情况。人们都喜欢站在赢家这边，当大家开始了解到优势转向你这边时，他们将热诚地跟随你，一起推动你的计划。

（4）站到第一线指挥。这么做可以建立起标杆，你的作为会传达出许多示范意义。举例来说，如果你的员工知道你先行降低了自己的薪水，他们会更愿意接受减薪的要求。

（5）摆脱无法迅速完成工作的人，雇用那些可以迅速干成事的人。在危机时刻，你没有时间训练新人，那是在时机好的时候才能做的事。你应该迅速雇用有能力的人，组成一个有效率的工作团队。

3. 必须配合资源与外在形势

虽然策略本身是一种形式的技艺，但10大原则不应该被随意应用。要成为卓越的策略家，首先要根据标准分析形势，认清你的内在资源和外在变数，然后将这些因素与10大原则综合考虑，才能得出一个制胜的策略。

要提高制订制胜策略的能力，可以参考下列表格，其中包括3大项目内容：

评估特定形势以制订最佳策略标准

外在变数	策略原则	可用资源
经济形势	◎集中所有精力投入到明确的目标中	人力
整体商业环境	◎采取主动并保持领先	资金来源
科技发展	◎集中资源发挥最大效益	可用设备
政治因素	◎聪明地利用策略定位	专业知识
法律法规	◎出其不意	领导者
社会与文化规则	◎保持简单	
竞争状态	◎准备多重、同步的替代方案	
	◎朝着目标迂回前进	
	◎建立作业的绝佳时机和顺序	
	◎充分利用来之不易的成功	

（1）外在变数。这里包含从整体经济形势，到科技发展，一直到竞争状态等过程中的所有事项。每一项外在变数都搭配着其影响最深远的策略原则。

（2）10大策略原则。是指包含出其不意和保持简单在内的策略原则，与外在变数和可用资源按特定的规则相搭配。

（3）可用资源。是指人力、资金、设备和专业知识等。同样，这些资源也和特定的策略原则相搭配。

这张表格可以帮助你在运用可行的策略原则的同时，兼顾到整体的形势。每一项外在变数最后若没有被转换成自己的优势，或者被回避、克服，那么最后就会造成损失。所有可用资源都必须被用来创造成果。这样你就可以制订一个能带领企业通往胜利的计划。

不过要记住，好的策略绝不是单靠数字就能拟定的。确切来说，人脑要有整合大量信息资源并研究分析事物条理的能力，才能制订出制胜的策略。有些外在变数和可用资源无法被量化，因此你必须运用自己的分析判断能力，将这些要素按其特性整合到策略中。

更重要的是，制作策略表格必须遵循可靠、一致且有系统的程序，不要割裂独行。公开制订策略表格有助于消除偏见，产生一致的结果，让大家注意到过去的错误并且避免再犯，从而寻找出最好的成功机会。策略表格也可以凸显出在某些情况下可能会造成策略原则之间相互冲突的情况，还能帮助你辨识出哪一项策略原则的地位优于其他项。

系统性地整合各项要素，对于预防商业危机有很大帮助，因为这么做可以简化工作、防止混淆、节省大量时间，并指导决策者该怎么做，可以期待什么样的结果。

——潘恩，美国实业家

统计数字无法取代判断分析。

——克雷，美国实业家

众人皆知的事情也很可能是错的。

——德鲁克，管理学大师

我试着综合研究千年以来伟大军事家和伟大思想家的作为，得出了关于策略的 10 项基本原则。这是我们所有人，无论在战场或是职场中都应该遵循的成功原则。在某些方面，10 大策略原则与过去 40 年来大部分的商业策略理论是相对立的。这 10 大原则在一定程度上可以作为我们终生受用的信条。

我并不主张“商场即战场”的思想，同时我也不认为只因策略运用最初是起源于战争，就可以忽视几千年来人类睿智的策略思考。我绝不鼓吹以战争作为促进科技进步和人类福祉的手段，但我确实鼓励大家从历史中学习总结重要经验教训。不同时代的伟大思想家、军事家和其他领域的专家，都曾提出过许多智慧的“策略原则”。然而，这些原则通常各有所长，只能提供单一的观点，不能普遍适用于所有企业或情况，也不能适用于千变万化的商场。通过深入分析和比较不同的策略原则，分析不同时代各种策略形势，再进行实践研究验证、提炼，我提出了这 10 项堪为成功策略基础的基本原则，汇集了人类历史上各领域伟大策略家的思想精华。

虽然基本的策略原则经常因为太过简单而被忽略，但成功的企业的确都在遵循这些策略原则，即使他们们并没有觉察到。成功企业所采取的行动，无论是有意识或无意识的，都证实了这些策略原则的正确性。昔日伟大思想家和实干家所传承下来的智慧经验，时至今日依然适用。所有成功企业所采用的基本策略原则都能发挥强大的作用，即使他们对各自的成功有不同的诠释，但仍难掩其中的相似之处。

——威廉·科恩

战略小兵团，获利大帝国

Getting Bigger by Growing Smaller

A New Growth Model for Corporate America

原著作者简介

乔尔·舒尔曼（Joel Shulman），毕业于哈佛大学，曾任美国巴布森学院创业学专业副教授。舒尔曼博士以培训专业投资人士见长。除讲学外，他也为世界银行提供咨询服务，并协助开发中亚市场。著作有《资本支出管理与评估》和《规划现金流量》等。

本文编译　陈正芬

主要内容

5分钟摘要

策略事业单位

当今企业需要更聪明的成长方式，以往侧重于重大投资项目或并购的做法已不时兴。事业未来成长的沃土，其实就是小型事业的自发行动与创意构想。因为小型事业既拥有企业的研发创新能力，又不受传统企业官僚作风的影响。

我们需要以策略事业单位（Strategic Entrepreneurial Units，简称SEU）为主的新商业实体。SEU的具体模式如下：

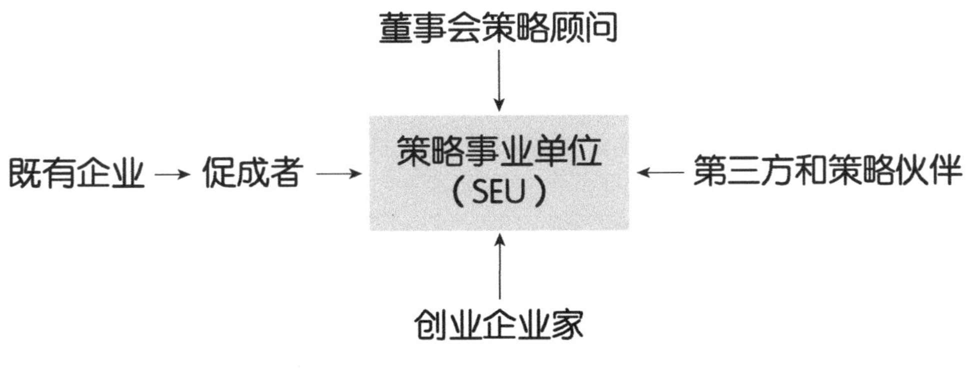

新创策略事业单位能自己做主，建立适合自身的策略方针，同时能利用既有企业所取得的资金、人脉关系以及其他基础设施等资源。在这种情况下，SEU 就能为新创事业与母公司创造价值。

一　美国企业面临过的关键挑战

在困难时期，美国的大企业似乎都“混得”不太好。撇开经营规模、营销技巧及阵容强大的销售渠道等优势不谈，大企业通常无法随着时间推移而不断成长，反而是与市场渐行渐远，到最后不得不关门了事。因此，大企业必须找到一种可行的做法，让开拓创新的创业思维在企业内部扎根，从而源源不断地为企业创造财富。

概括地说，企业主要面临 4 项重大挑战：

◎ 以有效的方式使企业精神焕然一新，并保持活力。

◎ 制订更好的绩效考评方式，将员工的薪酬与其创造的价值联系起来。

◎ 克服企业内部对变革的抗拒。

◎ 促进营业收入与利润的实际增长。

1. 企业更新的必要性

以往企业为了延续生命周期，曾经尝试过许多点子：

（1）20 世纪 60 年代，收购浪潮大为盛行，当时的主要目标是多元化。

（2）20 世纪 70 年代，许多企业尝试通过内部的创新计划来带动企业的整体成长。

（3）20 世纪 80 年代，通过理财技巧（如垃圾债券、杠杆并购、金融资产的再包装等）为企业创造价值。

（4）20 世纪 90 年代，企业创投事业部大行其道，即用最快的速度脱离母公司成为独立的事业部，而后再进行公开上市（IPO）。

以上的各种风潮都曾盛行一时，但最终都无法有效延续企业的生命周期。现今《财富》500 强企业中，1/3 以上的企业成立不满 25 年。除了极少数企业外，许多老牌企业的实力都无法随时间推移而逐渐增强，反而不如那些有很多新点子、有冲劲的年轻公司。

关键思维

哪种模式能创造持续发展的企业？历史证明，伟大的帝国有的能延续数百年甚至数千年。然而我们的企业数据显示，美国的大企业通常活不过100年。在适当的成长模式下，跨国公司能够延长企业寿命，平均达54年以上。这些企业需要合理的企业结构和机制吸引人才，并且持续给予激励。关键人才若被新兴企业或竞争对手所吸收，造成的损失将会是巨大的。美国的企业需要一种合适模式，使企业内外的潜在伙伴通过经济诱因，朝着共同的目标迈进。这需要更好的成长模式，而且现在就要。

——乔尔·舒尔曼

2. 员工漫天要价

目前，许多企业的高级主管薪资结构良莠不齐，管理层获得巨额的奖励却无法为股东创造长期价值。

（1）成交高手如首席执行官、投资银行家、创投人员甚至德高望重的顾问，往往只因为完成一笔收购案就获得空前利益，但整个企业在市场上却没有任何实质收益。

（2）有些首席执行官鼓励自己的企业冒很大的短期风险，而在长期问题出现之前将股权兑现，不负责任。

（3）许多公司利用自家膨胀的股票去并购其他公司，这些并购案往往形同价格战，收购公司付出超过被收购公司真正价值很多的代价，导致后患无穷。

（4）某些高级主管在收购过程中没有替股东争取更好的价钱，反而为自己换取了利益。

（5）许多首席执行官的权力和影响力超过他们应有的薪酬等级，能以平庸的表现获取非常多的薪酬。1990~2000 年间，首席执行官的薪酬增加了 1300%，而同期一般员工的薪水则只增长了 43%。

总之，许多企业的高级管理团队，不断将薪酬制度倒向对自己有利的一边，他们花在管理公司股价上的时间，比帮助企业发展成长或策略扩张的时间还要多，以致管理者们倾向于采取能立即影响公司股价的决策，如并购、撤资、再融资、权益割让、创投基金、大规模裁员和成本紧缩、策略联盟等。

关键思维

市场多半将未来的期望寄托在目前的股价上，而且屡试不爽。20世纪90年代，市场无穷的能量与薪酬高度吻合，但这并非巧合，交易越多，越能创造更高的增长，因而为更高的薪资、红利与股权认购提供正当性，就像坐云霄飞车一样。这是大公司高级主管的黄金年代，他们可以在极短的时间内赚取大笔财富。

现在这种制度似乎已经破败，并受到主管单位的制约，改变势在必行。企业必须提升业务收入，并用另一种方式奖赏员工。找出问题只是企业商战内容的一部分，一旦形势对企业财务利益产生不利影响时，人们才想办法补救，恐怕只会让情况更为复杂。近年来，金融社交媒体的发展，预示重大改变已经迫在眉睫，“薪酬”向来就是必须被认真探讨的重大议题，今后也势必如此。

——乔尔·舒尔曼

3. 内部抗拒变革

许多企业的长期发展规则，会因为安于现状的中层管理者抗拒变革而受阻。另外，许多首席执行官对于任何降低自己得来不易的权力和改变未来升迁机会的提议，都会抱以抗拒的态度。

多数企业鼓励中层管理者“安分守己”更甚于创新，“乖乖人”反而升官发财，这意味着“保持现状”的习性在企业内部根深蒂固。结果，在首席执行官更替日益频繁的情况下，许多中层管理者自视为企业传统文化的捍卫者。中层管理者具体执行企业文化，而且自发性地抗拒变革。

企业文化是另一项重要议题。企业文化为企业整体定调，决定哪些价值观、道德和经验是企业可取的。企业文化从各个方面影响企业的效率，包括正式与非正式的方式。

由于多数中层管理者事必躬亲，因此他们可能在新点子或新计划成形之前就将其扼杀了。如果高级管理阶层希望朝新的方向前进，他们就必须先花费时间让中层管理者接受变革，否则新创事业将面临严峻挑战。

中层管理者往往费尽心思寻找“扩大影响范围”

的途径。因此，在出现能促进企业发展的机会时，许多中层管理者的选择，会以是否能扩大自己的影响范围为依据。另一种情况是，有的中层管理者可能会将某个以发展为目的的新创事业，视为分摊企业成本的垃圾场，从而使自己部门的预算更好看些。以上两种情况，都会将沉重的负担加诸到新创企业上。可见要创立新事业的最佳做法，是通过创建独立的业务单位来实现，而非试图克服中层管理者的抗拒。

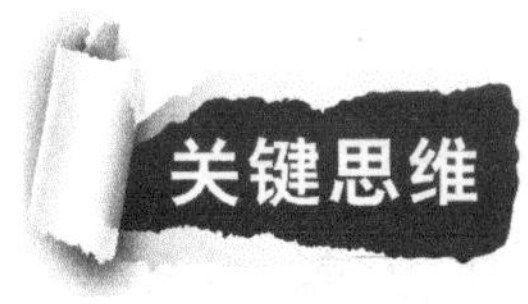

企业文化若不鼓励提供援助、照顾员工的环境，企业便有可能会产生分裂和动荡的问题。在这种情况下，管理阶层往往无法觉察，目前的企业文化可能使其错失良机，并阻断个人的职业生涯发展。解决问题的关键在于找出中层管理者中的“顽固者”，消除他们的束缚，使之成为企业变革的推动力，这或许看似矛盾，却是企业经营的重要挑战。企业的中层管理者是企业发展的命脉，也是维持企业稳定的重要力量，能够确保企业各项任务有条不紊地完成，维持企业稳定发展。利用新创的事业单位可以使公司沿着发展方向不断前进并保持优势。若新创单位刚成立时没考虑到这些问题，中层管理者中的“顽固者”便可能使一项新计划或新点子“胎死腹中”。

——乔尔·舒尔曼

4. 企业发展稳步化

每个企业都渴望发展，但并非所有发展都是均衡的。

（1）有时两大公司合并，企图得到进一步的发展，结果得到的却是企业内斗、无谓的成本和昂贵的裁员条件。

（2）有些公司利用不恰当的技巧炫耀其爆炸性的增长。这种伎俩也许一度有效，但最终易使投资人失去信心，并使企业走向衰败。

（3）管理者大多专注于收入和资产的增长，股东则在意股价升值与股东报酬，有时这两种增长之间有着天壤之别。

（4）过去的管理者期待一辈子效忠一家公司，

如今多数管理者企盼每3~5年就能换一家公司。这意味着管理者对于需要耕耘多年才有丰硕成果的长期计划不感兴趣了。

基于上述情况及其他诸多因素，近年来许多管理者都试图以收购策略实现企业的快速发展，而不愿尝试促成企业内部的自然成长。然而收购造成的增长，却产生了如下几点问题：

（1）企业合并时，通常会发生大规模的裁员，以消除所有重复的职位，而谁该走、谁该留的问题将造成企业内部的激烈动荡，反而使关注焦点从经营事业转移开来。

（2）员工士气遇挫将导致内部猜疑，团队协作困难，使得合作的机会荡然无存。

（3）试图将某一企业的既有文化与另一个企业迥异的文化合二为一，将超乎寻常的困难，企业文化冲突将造成严重的分裂。

所以，收购扩张这种方式，绝对没有市场扩充、节省内部成本、明智选择策略方向或其他企业自身发展的方式好。

企业必须靠新的发展模式来建立新的事业，且这个模式要能在市场大环境和企业文化的限制下运营。企业的实际发展依赖强大的领导力，靠它来打造能激励目前与未来企业发展的新解决方案，许多好的结果或许能在适当的诱因和睿智领导者的领导下产生，或许来自企业的合理设计与结构。改变企业文化或环境是很困难的，伟大领导者要学会接纳与顺应文化。

如果大企业真的想有创业家的行动能力与发展过程，一举一动就要像一个小型企业一样。落实SEU就是朝正确方向跨出的一步。

——乔尔·舒尔曼

二　解决之道

大企业必须找到一种方法以便获取有创意的构想并从中获益，最好的办法就是建立一个策略事业单位（SEU）。SEU 的模式既能运用既有企业的基础设施，又不会削弱新创事业常见的创业心态与精神。SEU 的目的是使企业获得更好的发展。

自 20 世纪 70 年代以来，人们曾运用 4 种完全不同的商业模式，试图使企业成长：

（1）企业内部创业（20 世纪 70 年代）：新创事业在企业内部诞生。唯一的问题是，新创事业的资金往往受制于母公司的高级主管。

（2）企业资产分割（20 世纪 80 年代中期至 90 年代初期）：新创事业以独立公司的方式成立，再由母公司卖出，这一方法可谓行之有效，但在规避风险的市场环境下，必须尽最大努力争取到资金支援。

（3）企业创投（20 世纪 90 年代中期至晚期）：企业设立创投的运营单位，将种子资金提供给员工建议的新创事业。然而长久下来，左右投资决策的行为变成企业的内部运作，而非市场需求。

（4）与创投者缔结合伙关系（20 世纪 90 年代晚期至今）：企业与创投者共同资助新创意。问题是创投者关注的重点是退出策略，而非企业成长。

SEU 模式试图创建一种包含以上 4 种商业模式的优点，同时又消除它们缺点的新成长模式。

SEU 要发挥功效，关键在于独立的第三方，即“促成者”。这位促成者负责公司目标、合作伙伴、第三方或外部投资者以及内外部企业家之间的沟通协调。有效的促成者会做到以下几点：

（1）公平、公正地协助评估 SEU 所采用的创意具有哪些商业潜力。

（2）在各方的允许之下，就其交易条件与各方进行交涉。

（3）任何决策、行动永远符合 SEU 的最大长远利益，而非母公司的长远利益。

（4）协助制订评估绩效的标准，准确评估 SEU 的贡献，并公正地判定责任。

（5）为整体策略事业单位担任中间人和计划者。

（6）厘清谁将拥有目前及未来会使用到的或要去开发的知识产权。

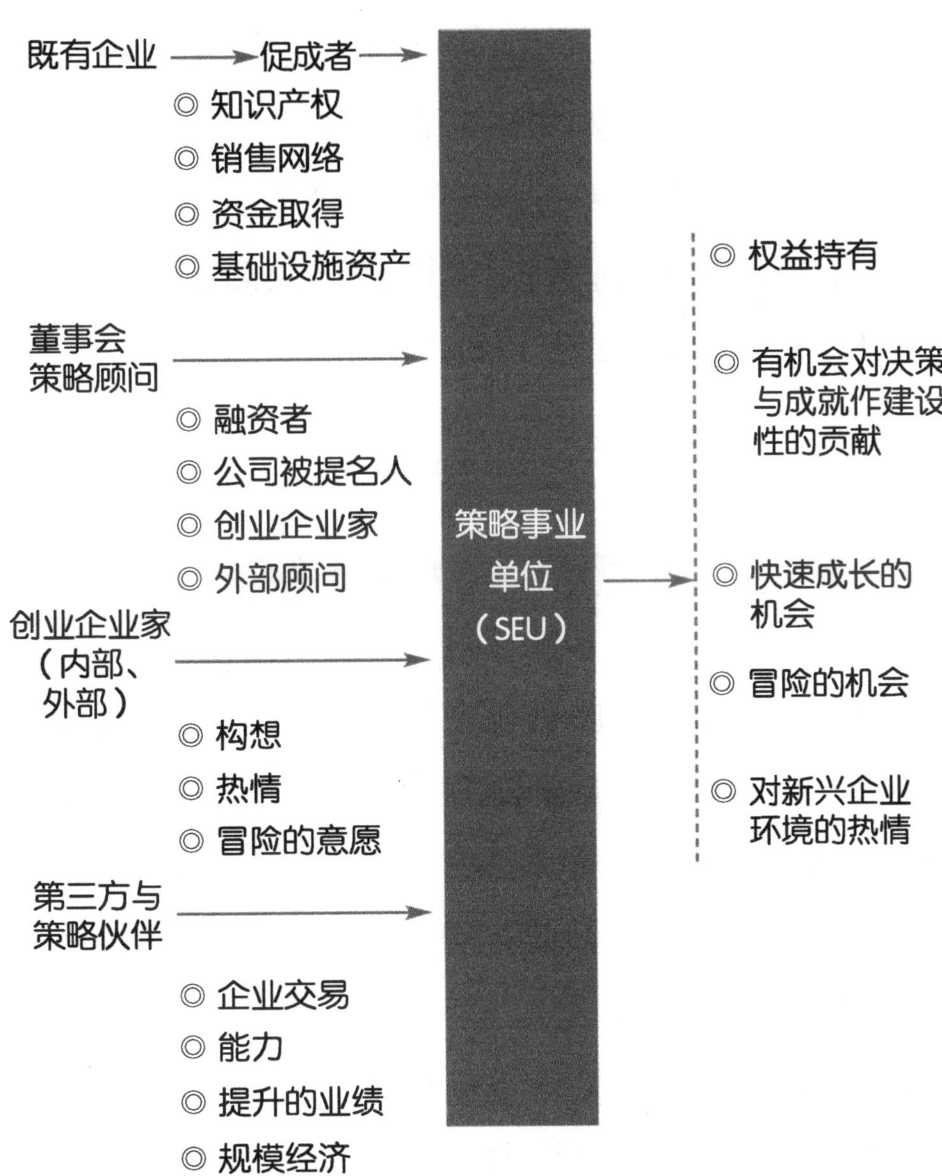

（7）当 SEU 的环境有所变动时，需要其解决未来可能发生的纷争。

要注意的是，促成者并非创投家。也就是说，促成者不具有足够的投票权去迫使企业单位作出违背原意的决定，例如首次公开上市。相反，促成者会解决冲突，处理刚冒出头的问题，保持沟通渠道畅通，并促使大家专心追求 SEU 价值的最大化。另一方面，促成者将收到固定酬劳以及新创事业的小部分权益，大约是 1% 或 2%。

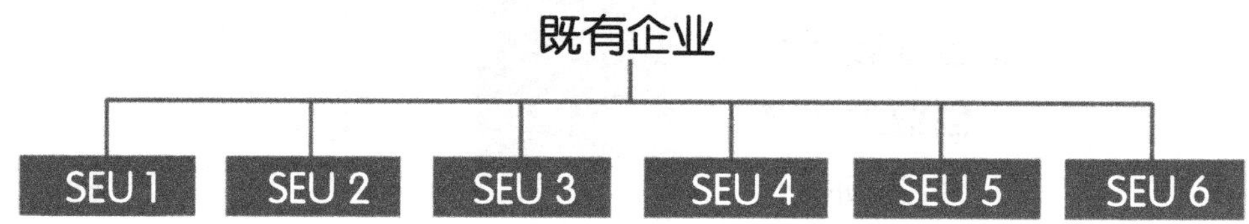

正如创投者会拥有投资组合一样，企业也可能拥有数个同时运作的新创事业，这些 SEU 可能因规模、投资阶段、专攻领域等相关标准而分别设立。如此一来，任何一个 SEU 的成败，都将不如整体表现来的重要。

设计 SEU 商业模式的目的是获得资产分割与企业创投的好处，又可以避免各项做法的缺点。SEU 模式的关键优点包括以下各方面的内容：

（1）企业能为员工提供“经济诱因”，将最好的创意商业化。凡是能为公司带来绝佳机会的人，也能为自己争取到绝佳的奖赏。

（2）SEU 模式的重点是为股东创造长期价值，而不是准备让新创事业策略性地出售或首次公开上市，后者通常是创投者关注的重点。相反，SEU 的所有参与者都在同心协力地创造长期价值。

（3）SEU 在适当时机可以回归母公司。方法是将 SEU 的未上市股票转换成可以公开交易的母公司股票，这样做将为 SEU 的相关人员带来优厚报酬，同时对母公司的其他员工来说，也是一件令人振奋的事情。

（4）SEU 模式强调所有相关利益人在开始阶段就要把关系厘清。例如，SEU 所创造的任何知识产权及商业权益，必须在事前就厘清关系。这样做可以避免许多潜在的困扰。

（5）SEU 能取得母公司的现金资源，包括长期公司债券、以低于基本放款利率借到的银行贷款、信用额度、公开交易股票、商业本票等。所有资金都能以公平的市场价格提供给 SEU，跟其他单位的资金没有区别，这些资金可以公开公正地反映在 SEU

的资本结构与股权持有上。

（6）SEU 将拥有自己的董事会与策略顾问。这些人将全力以赴地创造 SEU 的最大价值，且不被限制在母公司的管辖之下。

（7）SEU 将创业精神注入既有企业。换句话说，即大企业将有机会像小型新创事业一样有创新精神。一旦允许 SEU 的组合以自身最大利益独立行动时，母公司的整体获利将更丰硕，也会有更坚定的立场，促使核心事业快速成长。

（8）凡是有可行商业构想的母公司员工将有机会运用 SEU 模式，并在自己的新创事业中获得股权，若不运用 SEU 的模式，这一构想是无法得以实现的。

（9）SEU 商业模式运用新事业环境的正向能量，使母公司能够得到更好成长。

（10）SEU 模式是以诱因为基础的。当合适的结构与诱因俱备时，将会展开令人满意的行为。

（11）SEU 模式被合理利用，一方面能取得母公司的优惠资金，另一方面新创事业又具有较低的成本结构，这两方面结合的结果将会产生高于平均水平的收益。

关键思维

SEU 模式试图克服的问题，包括薪酬的不合理，以及只满足少数相关利益人所需的错误的成长方向。此外，SEU 试图消除创投者、投资银行家和管理阶层只图短期利益、牺牲长远策略成长的偏差行为。这个模式创造了合理诱因的环境，使所有人能够为自己获取最大长远利益而努力。交易各方关注的是交易所增加的价值，这价值是扣除风险资本、知识产权和人力资源等相关必要成本后的净额。唯有当每一方都因贡献而获得了充分的奖赏，才会创造出真正的财富。

任何新创事业的相关奖赏，都要与风险相匹配。此时的风险，可能是超过新创事业仍在母公司羽翼下时任何参与者所能负荷的，因此以新资源创造新财富的人，应该有权获得超乎寻常的奖赏。例如，暂时舍弃一些薪水、利益或工作保障的人（包括普通员工、金融从业者和顾问），在未来新创事业成功时，应该有权获得更高的报酬。此外，如果母公司出借财务资源、知识产权或其他基础资源（如销售渠道）等给 SEU 新创事业，则母公司的利益持有者（如股东）也应该收到合理的财务报酬。

SEU 模式无法普遍适用。高层管理者必须放开甚至让出许多策略运营单位的控制权。他们必须抱有包容的心态，协助建立一个容许成员思考、行动并有创业企业家作风的机构。

虽然单一的 SEU 可能无法对公开交易的母公司产生明显的影响，但是数个小型、多元的 SEU 新创事业组合成长所获得的效益，将可轻易超越母公司几个大计划的净贡献。大型企业除了追求通过传统研发和企业创投获得成长外，也应该重视通过 SEU 的新创事业获得成长。简言之，大公司要想变得更大，那就必须先学会变小。

——乔尔·舒尔曼

三　解决之道可行的关键

SEU 的商业模式对于促进企业发展具有巨大的潜力，但并非普遍适用。要想充分实现 SEU 模式的潜在价值，必须具备 4 项元素：有效落实 SEU；资助 SEU 的新创事业；以适当方式变现；启动变革程序。

对企业而言，SEU 发挥作用的关键点在于细节，只要细节正确，SEU 就能成为企业的强大动力；一旦细节错误，就无法发挥作用。

1. 有效落实 SEU

既有企业应该把 SEU 作为企业在下列 5 种情况下成长的工具：

（1）当企业有意扩充新事业领域，以便获取比核心事业更高的增长率时，企业通过资助 SEU，能够在不影响其核心业务运营的情况下发展远端业务。

（2）当企业想孕育或获得新技术时，SEU 可以自由地进入完全不同的事业领域。

（3）进入新市场时，不愿将负担加诸在现有的事业结构上。SEU 能够在当地资源（如财务管理和人员）下建立，使母公司将资源导向其他业务。

（4）引起企业主流文化的改变，利用激进的创业理念做实验，看看在真正实践中效果如何，如此一来 SEU 将会成为创业实验室，或是实验场地。

（5）策略性地扩充时，将能量、精神和活力注入到既有企业之中。

落实 SEU 的重要步骤有以下几点：

（1）挑选一位促成者。他能以 SEU 的长远最大利益为重，且不受母公司左右。好的促成者必须具备几个特点：立场独立；一定要是独立的法律实体；一定要有技术能力；一定要有资金来源；可以是一家公司而非个人。

既然促成者将扮演新点子的过滤器或清算中心，那么他们一定要具备某些技术能力。同样，当 SEU 发生意见分歧时，促成者将扮演仲裁者的角色，因而也必须具备一定程度的专业技能，以帮助交涉不同群体间的协议条件。总而言之，促成者将扮演 SEU 成长与发展的催化剂。

（2）决定重要相关利益人对 SEU 净值的分配比例。要让每个人都感到快乐、公平且备受鼓舞。虽然资本配置的精确水平会因某些因素而异，但一般讨论的起点如下图所示。

单位	目标范围	理想
母公司	20%~49%	40%
创业企业家	20%~60%	25%
促成者	1%~5%	1%
董事、顾问	1%~5%	3%
其他员工	0~10%	1%
第三方、伙伴	10%~30%	20%
剩余的分配	5%~10%	10%
总和		100%

决定 SEU 权益分配的关键在于找出能激发企业创新精神的主要因素，进而刺激新创事业的成长。同时，权益结构必须为 SEU 提供未来的成长空间。

分配权益通常是相当困难的事情。各方持股的精确水准之所以会有大幅变动，完全要看当前是按照什么样的标准执行，这时促成者就可以派上用场。好的促成者应该有能力综观全局并寻求共识，不会只凭借自己一时的偏好。

（3）指派专人到 SEU 的董事会。董事会的组成不仅反映关键一方对相关利益的所有权，也反映出对新事业的预期希望。SEU 董事会成员通常包括母公司的代表、提供资金的第三方代表、首席创业企业家、促成者等。

要注意的是，董事会必须要排除偏好牺牲长远利益而追逐短期利益的人。因为一旦这种人强硬要求 SEU 首次公开上市，以便让早期投资变现或退场时，往往会发生违背预期目标的情况。促成者有别于创投者，要有一套与之不同的策略顺序。同样，董事会也需要把关注点放在长期利益规划上。

如果 SEU 有任何成长或创造价值的合理机会，就要给予企业结构与管理团队等创业条件的支持。如果高级管理阶层已经认可 SEU 模式在制度上的优势，也承认新创事业需要和母公司的文化及其内部运作分开，那么就要坚决这样做，否则花在建立与落实 SEU 模式上的相关成本，可能将付诸东流。

——乔尔·舒尔曼

2. 资助 SEU 的新创事业

SEU 商业模式真正的优点在于 SEU 结合了两种显著的竞争优势。大企业能获取大量资金，却不擅长有效运用资金。由创办人创建且管理良好的小公司，能够积极有效地运用资金，却在资金的获取上费心尽力。运用 SEU 模式的母公司能够吸引到资金，又能有效地运用资金，所以能够建立前景良好的新事业。

实际上，SEU 的资金获取应该遵循几项规则：

（1）大企业应该以市场利率为依据，为 SEU 提供风险资金。大企业应该确保自身能够取得低成本的资金，并将这些资金以较高的利率提供给 SEU。这样对双方来说都是公平的，而且也能反映出相关的风险。

（2）大企业要像创投一样，对 SEU 的组合进行投资。运用多种合理的因素分散 SEU 的组合，如：

◎ 发展阶段。包括种子培育，β 测试（厂商在推出产品前通常有两个阶段的测试，第一阶段为 α 测试，即由厂商内部人员或经销商测试；第二阶段为 β 测试，即将产品转交给普通使用者测试），推出问世等。

◎ 产业部门。

◎ 地理区域。

◎ 营业年限。

（3）按照预期，多数 SEU 在达到盈亏平衡点之前的三四年间会先发生亏损，然后才开始盈利。因此，在一段时间内要采取弹性投资方式，并从长期投资着眼，不要期望立即获利。

（4）对 SEU 要有正确的认识，SEU 不像创投那样以首次公开上市作为退出策略。因此，提高年报酬率是其主要目标，而不是提高收入以便上市。SEU 的用意是与母公司无限期维持策略关系，因此必须要有高报酬的现金流量。

（5）给其他 SEU 投资人提供退出的策略，让投资人在未来某个特定时间内，可以选择是否要将 SEU 股票转换成母公司股票。这样做能让早期投资人实现投资利益，而不需要被迫出售 SEU 或上市。

大企业需要更好的方法来分配成本较低的风险

资本。相较其他公司，他们在这方面显然具有一定的优势，且更需要以有效的方式运用资金。他们在用钱时必须要锱铢必较，或是将资金提供给有共识的一小群人。大企业应该持续为小型创业公司提供具有实验性的融资。此外，他们应该像专业资金管理者一样，建立投资组合，根据时机、创投机会风险与产业分布情况等因素分配资金，使之达到分散风险的效果。创业融资的基本概念已经被多数大企业接受，大企业应该继续与许多小公司结为伙伴，并给能为双方赚钱的人提供资金帮助。

——乔尔·舒尔曼

3. 以适当方式变现

SEU 的商业模式鼓励所有相关利益人抱有持有人而非创投者的心态，那么这两种心态有何差异呢？

（1）持有人希望实现投资的长期价值，创投者更关注如何包装公司、筹备首次公开上市。

（2）持有人计划与小型新创事业维持长期关系，因此他们对企业长期的自然成长最感兴趣。创投者则希望每季度都出现爆炸式的增长，才能对投资人有所交代。

（3）持有人希望每年都有持续不断的好结果。创投者更希望所促成的交易能有利于新创事业首度公开上市。

（4）持有人比较喜欢符合所有相关利益人的最大长期利益的交易。创投者则不顾一切地将首次公开上市作为退出策略。

（5）持有人对自己一手创建的事业爱护有加。创投者则只关心所持股份能换成多少现金。

首次公开上市的成本是昂贵的，约占小型企业首次公开上市所筹措资金的10%。此外，准备首度公开上市要耗费管理阶层大量时间和精力，而这些投入往往可以用来把事业做得更好。

允许SEU的相关利益人把他们持有的SEU股份转换成母公司股份，将为SEU的股东带来如下好处：

（1）可以省下首度公开上市的交易成本。

（2）无须等待资本市场出现对首度公开上市有利的时机。

（3）融资者无法操纵时机。

（4）母公司成立策略联盟的对象是目标明确、努力增加自我价值的小企业，这也能够使母公司获益。

总而言之，这是个绝佳的双赢策略，所需要的只是事前的一点点规划以及制订出确定 SEU 市值的公式。如果公式在设立 SEU 时就清楚明确地公告出来，那么每个人都将清楚地知道自己可以期待的是什么，从而使 SEU 相关人员士气大振。

4. 启动变革程序

在当今瞬息万变的市场环境下，“例行公事”对大公司已不适用，合并与收购再也无法创造持续的价值增长。SEU 的做法之所以有效，是因为 SEU 模式使创造价值的创业企业家能够收获通过自身努力所创造的财富。

请记住下列和 SEU 有关的几点概念：

（1）SEU 模式对近年来停滞发展的企业最有用。对创投资金充分的公司吸引力不大，是因为这些公司以获取最大利益为目的。

（2）高度集权的公司，对于建立独立运作的 SEU 会有所犹豫，但也不应该成为反对者，而应以切合实际的态度来面对。

（3）想要 SEU 的新创事业获得成功，母公司的首席执行官必须亲自参与。唯有首席执行官才可以决定SEU的运作范畴、知识产权、权益配置、控制权和薪酬等。

（4）母公司的内部文化比任何外部条件对SEU成败的影响都要大。为了使SEU发挥作用，你需要拥有合适的团队、资源及机会。试图在缺乏上述3项因素的情况下创造价值将是困难的，甚至是不可能的。

（5）一定程度上，SEU的风险与报酬的比率应该接近实际需要的水平。换言之，如果大家期望多赚一点，那就应该准备承受更高的风险。

（6）在为SEU寻找人才时，可以在公司内外搜寻。内部与外部人士对SEU来说各有利弊。

（7）为了确保事情顺利进行，首席执行官需要指定一位公司的拥护者来处理这项计划。称职的拥护者必须是资深的高级主管，这样才能克服内部运作的所有障碍，并与促成者共同努力，使SEU得以健康成长。

（8）SEU的资金可能来自母公司、第三方投资人、银行甚至创投者。一般而言，比较理想的做法是让创投资金维持在最低水平，因为创投者一心只想着如何从交易中获益。

（9）SEU 模式为企业提供了与外部创业企业家结为伙伴的途径，从而能不断开拓新财源。

（10）经济不景气时，企业或许应该考虑设立 SEU，从而让员工转换跑道，而不是采取裁员的方式。

（11）SEU 将采取不同的薪酬比率。促成者将负责研究制订合理的薪酬制度，以吸引优秀的人才。

（12）母公司应该保留"何时清算 SEU"的决策权，而不是任由其他人决定。原则上，SEU 出售或上市的时间，应该是可以获得重要资金或策略性资源的时间。

（13）在建立 SEU 前，母公司的高级管理层必须明确实现下列 5 项目标：将公司策略扩张到新事业领域；取得新技术；开发新产品；进入新市场；成为企业文化变革的催化剂。

（14）在交涉新的 SEU 交易条件时，最佳策略是邀请对交易无私心且务实的公正人士或团体参与，这样才能确保交易各方受到公平的对待。一般来说，公司的律师无法扮演这一角色，因为他们几乎无法做到大公无私。

（15）对于具有创业精神的员工来说，好的 SEU 计划或许比母公司的股权认购计划更具有吸引力。

（16）SEU 的概念让大公司里支持这项计划的人充满期待。他们把自己的前途寄托在这项计划上，这种全心投入的举动足以撼动山河。

（17）最好的 SEU 应该是模式简单且容易进出的。如果模式太过复杂，会出现优秀人才另谋出路的状况。同样，如果没有好的目标或方向，人们也会失去兴趣。

（18）好的 SEU 将充分运用母公司的研发投入，以充满活力、与众不同、高效的方式，将人才、专业技术和知识产权整合起来。

（19）SEU 可以用来填补母公司大规模策略投资之不足。合理的 SEU 会在投资社交媒体和公司相关利益人之间，获取许多利益。SEU 可以强化母公司整体发展策略。

（20）经济不景气时，SEU 的概念会更具吸引力，因为 SEU 不会造成资源密集的问题。

（21）SEU 的商业模式汲取了许多企业创投的最佳特性，并将其变得更健全、更符合当前经济状况。

事业构想模拟考

Getting to Plan B

Breaking Through to a Better Business Model

原著作者简介

约翰·穆林斯（John Mullins），毕业于明尼苏达大学、斯坦福大学及理海大学，曾在伦敦商学院教授创业家精神和创投学课程，在期刊上发表过多篇文章。

兰迪·科米萨（Randy Komisar），毕业于布朗大学和哈佛法学院，曾任LucasArts Entertainment公司首席执行官、Crystal Dynamics公司首席执行官、GO Corporation财务总监。同时，他也是硅谷知名创投公司Kleiner Perkins Caufield & Byers的合伙人。他曾在斯坦福大学担任顾问教授，经常以创业家精神为主题发表演说，著有《僧侣与谜语》等书。

本文编译 黄玩

主要内容

关键词解读

B计划

B计划，通常是指预备方案、替代方案，而本文所说的B计划，则是指在原始构想的基础上、根据现实修正得出的更新版方案。作者认为，创业者很少能第一次就确立成功的商业模式，有些成功企业的经营模式与当初刚创建时天真的原始构想大相径庭。因此，创业者和新创企业必须明白，原始创业计划失败的可能性非常大，在发展过程中要准备好能尽快重新站稳脚跟的改进方案，以应对实际状况及时调整原始计划，找出企业真正可行的商业模式。

对于自认为拥有绝佳创业构想的人来说，不妨先问自己一个问题：是宁愿在一个很可能会垮掉的计划上投入大量时间与金钱，还是应做一些测试、不断修改完善，然后得到一个更有可能成功的创业构想？相信大多数人会选择后者。要得知点子是否可行，唯一的办法就是不断进行测试与调整。每经过一次测试，就能获得更准确的信息，或者发现哪里需要加强、改进，从而拟定出更完善的事业计划。在这个过程中，一旦发现原有计划难以实行，就必须立刻调整方向，让事业构想在可行的道路上继续前进。

驾驶风险管理公司原本是一家销售汽车行驶记录仪的公司，这种记录仪就像一台小型摄影机，可以对车内或车外的情景进行拍摄，当遇到紧急状况时会把发生的事件记录下来。但当时多数投资者却对这一商品反应冷淡，于是创办人找来了布鲁斯·摩勒担任公司首席执行官并寻找该商品的其他发展潜力。摩勒本身是一位行为矫正专家，他提出与其把行车记录仪当作商品营销，不如利用它来提供行为矫正服务。摩勒认为真正的目标顾客应该是拥有许多车辆的企业，这些企业可以与公司进行长期合作，以降低员工危险驾驶的几率，同时还能为公司节省30% ~ 90%的保险费用及赔偿成本。摩勒开始思考如何把公司的商业模式由销售商品转变为提供服务。他设计出一种经常性收入模式，即驾驶风险管理公司为这些拥有许多车辆的企业客户安装和监控这项设备，并对从中获得的资料进行分析、制成报告。这一模式为公司带来了高额的收入。2006年，驾驶风险管理公司已将设备安装到4万辆汽车里，客户包括出租车公司、大巴车公司和其他交通运输公司。公司营业额增长显著，从2005年的1500万美元，增长到2006年的3000万美元。

类似的故事也发生在卡麦隆·葛瑞森身上。葛瑞森拥有一个广播栏目，内容主要是对外公布被当地卫生局列为卫生状况不佳的餐厅。葛瑞森知道公众对于这种信息非常感兴趣，随后他又建立了网站并发售电子报，具体内容为北卡罗莱纳州3个城市的卫生检查报告，这份电子报仅在夏洛特一个地方就有3万名订阅者。但是葛瑞森也发现经营这份事业需要投入高额资金和大量人力成本，且随着政府部门办公数字化后，民众可以自行进入卫生局网站查询自己所需的信息，公司的服务会逐渐被淘汰。于是，葛瑞森开始改变策略，他想如果他能帮政府部门把这些报告数字化，或许也能从中获利。他跑到卫生局，向其展示公司自行研发的软件，该软件可以持续追踪被他们列为卫生检查重点的餐厅情况，而卫生局确实对这款软件非常感兴趣。因此，葛瑞森决定把公司从出版行业转为软件行业，这最终为公司带来了稳定的收入。2006年，公司在全美已有600个客户，收入达到300万美元。

B计划并不是一种退而求其次的预备方案，而是在A计划进行得不顺利时，针对其问题进行调整完善后推出的升级版计划。相比之下，A计划比较像软件商抢先推出的公测版软件，而B计划则是功能完备、成熟的正式版软件。要想让新创事业脱颖而出，就要懂得运用能使发展潜力变为切实可行操作的B计划。

5 分钟摘要

事业成功的基础

企业一般都是先以一种原始事业计划（即 A 计划）起步，最终靠着完全不同的做法获得成功，即运用 B 计划或 C 计划。有鉴于此，企业就不要等到濒临破产才想到要拟定 B 计划，而是要缩短摸索的过程。实际上，在拟定原始事业计划之前，企业就应该针对预设商业模式中的 5 项关键要素先进行压力测试，从而把这些要素规划好。这样才可能制订出真正可行的事业计划，也就是接近 B 计划的计划，而不是看起来很有发展潜力，却没有任何实践依据的计划，即 A 计划。

尽管外界对各种创业构想抱有极高的兴趣，但不可否认的是，大多数事业计划都会石沉大海，绝大多数计划从来都没有人读过，只有少数计划能够筹募到资金。希望你的新创事业能够脱颖而出、获得成功。那就让我们开始行动吧。

——约翰·穆林斯　兰迪·科米萨

一 可行事业的5项要素

要制订出可行的商业模式，必须了解以下几点：

◎ 哪些人会购买你所提供的商品，以及购买频率有多高。

◎ 毛利为多少时才会获利。

◎ 每个月的固定成本是多少。

◎ 公司需要多少运营资金。

◎ 初期需要多少创业资金。

1998年夏天，麦克斯·莱夫琴从伊利诺大学毕业后，就搬到硅谷去创业。他和一位避险基金经理人合作，决定成立一家公司，销售供PalmPilot等掌上型PDA使用的防病毒软件。

莱夫琴创立这家公司是想将应用密码学运用到掌上型装置上，再将之进一步完善成程序库和产品。据他推测，企业在不久的将来都会以掌上型装置作为主要的通讯工具。企业需要有安全保障，安全要靠应用密码学这项技术，而他刚好拥有这样的技术，所以他认为应该创办这样的公司。

可惜，莱夫琴的A计划失败了，掌上型装置的安全防护需求从未出现过。于是，莱夫琴又推出了B计划，销售加密软件。B计划同样没有成功，于是莱夫琴又尝试了C计划、D计划和E计划，结果都同样令人遗憾。直到后来推出的F计划，开发出了一套系统，可以让使用者在不同的PalmPilot之间安全地进行现金转账。

在这个最新构想当中，还包括制作出一套非常基础的网络演示版，用来示范高级PalmPilot版本所具有的各项功能。接下来，令人惊奇的事情发生了，大家开始使用网络版进行交易，而且交易量迅速飙升。

这件事在莱夫琴看来太不可思议了，正式版是很完善的，而网络版则没有多少吸引力，只是为了演示。后来eBay网站的网友开始和莱夫琴的团队进行接触，并且询问是否可以将莱夫琴的商标放到他们的拍卖平台上，结果这些网友遭到了拒绝。实际上，这些网友想请求莱夫琴同意他们使用网络版，这让莱夫琴团队兴奋不已。接下来的12个月，莱夫琴团队就一直拼命修正和完善网络版。

就这样，一家名为PayPal的小公司，就从莱夫琴的创业G计划中诞生了。之后PayPal公司成为网络安全交易平台的佼佼者，接下来eBay网站花了15亿美元将其并购，以强化其内部的付款系统。

所有事业计划，无论是A计划、B计划，还是之后的C计划等，其核心都是经济假设，用以说明这项事业可行的条件。任何企业的财务可行性都取决于5项关键要素。你的商业模式必须要能解答以下5个关键问题：

◎ 营业收入。谁会购买，多久购买一次。

◎ 毛利。营业收入扣除成本支出后还剩下多少。

◎ 运营。需要支付哪些固定成本。

◎ 运营资金。顾客何时能付款。

◎ 投资。先期需要投入多少资金。

这5项要素结合起来，将会决定你事业的经济可行性。换句话说，这5个方面或要素就是你商业模式的核心，因为这些是你未来财务报表最重要的组成部分。事业要想持续经营和发展，就必须妥善处理好这些要素。

虽然有些企业只注重其中一两项要素也取得了卓越成就，但一般企业还是需要全面整合这5项要素，使其成为一体，并且相辅相成，这样才能保障事业持续、健康地发展。因此，这5项要素是密不可分的。

1. 营业收入模式——谁会购买，多久购买一次

无论是何等规模的企业，销售收入都是生存的命脉。如果没有稳定的付费顾客来源，就不会有持续发展的事业。在发展过程中，之所以必须适时放弃A计划而选择其他做法，最根本的理由就是可以即时获得充裕的资金，从而避免企业陷入困境之中。

营业收入模式，必须能够回答下列6个关键问题：

（1）到底有哪些对象会购买你的商品，你的目标市场是什么？

（2）他们会购买什么，是产品还是服务，或者两者都买？

（3）他们为什么会购买，是因为你为付费顾客解决了实际问题，还是你设法以自己的商品感动了顾客？

（4）他们何时会购买，预期的重复购买次数是多少，以及顾客会接受何种付款条件？

（5）他们会以什么价格购买，会采用何种付款方式，你能提供何种付费方案，以及是否会提供赠品以促销其他商品？

（6）要找到潜在顾客并向他们推销，需要付出哪些成本和努力？

除非你做了充分的市场调研，证明顾客会重视你的商品，并且会购买你现在提供的或未来打算提供的商品，否则事业计划只是纸上谈兵而已。如果你所有的资金来源，都是由投资人提供，而不是由顾客提供，那么几乎任何投资人对你的事业计划都不可能感兴趣。

要注意的是，有些企业在最初创业时并未制订营业收入模式，因为它们认为未来发展过程中会出现某种模式，Google（谷歌）正是这种做法的代表。Google 在初创阶段并没有任何的营业收入模式，而是在后来分析 Google 的使用者之后，发现用户有一个迫切需要解决的问题，那就是广告主不知道自己的广告是否准确锁定了目标顾客。随后，Google 加快研发步伐，努力提供这个问题的解决方案，也就是为广告主提供按次计费的关键字搜索广告模式。2001 年，Google 的营业收入已达到 8640 万美元，获利 700 万美元。2006 年，Google 通过关键字搜索广告的营业收入已超过 60 亿美元，获利 15 亿美元。

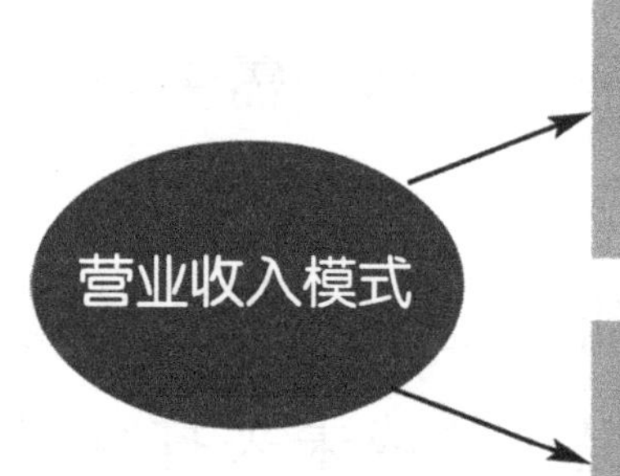

解决顾客遇到的某种问题——这个问题越大、越痛苦，顾客就会愿意付更高的费用去解决。

能够让顾客感动——在过去乏味的产品类别中，创造更上一层楼的顾客满意度。

每一种营业收入模式，基本上都是在设法解决顾客的问题或是能使顾客感动。如果能够提出证据，证明你可以把这件事做到令人满意，你就会获得创立事业并使事业健康成长的条件。要是无法做到这样，就不会有人考虑投资你的新创事业。

2. 毛利模式——扣除成本支出后还剩下多少

产生足够的营业收入以维持企业经营，此外，还必须与获利能力同时进行分析。我们可以将其归纳成一个简单的公式：

毛利 ＝ 销售收入 － 销售成本

制订毛利模式的目的是确保利润足以使你的公司有喘息的空间，也就是获得财务自由，这样可以保障公司未来的发展、偿还投资人以及支付其他各项固定成本。毛利模式的3大组成要素如下：

（1）差价。也就是售价和销售成本之间的差价，包括差价的绝对值和比例。你必须了解原料成本可以降到多低以及定价可以提到多高。

（2）商品组合。这意味着有些商品的毛利比较高，而有些商品的毛利则比较低。在这样的情况下，就必须预测两者在整体销售中分别占有的比例，也就是说你要预测出高毛利商品占多少比例，而低毛利商品又占多少比例。很多网络公司会免费提供一项产品，以创造出对某些高毛利产品的需求，即用商品组合的方式来建立毛利模式。

（3）策略。也就是具体说明你会选择把哪一项产品或哪一条产品线的差价订得最高，选择的理由又是什么。若降低这些产品的毛利，是否可以取得良好的促销效果，从而提升公司的竞争优势。

要注意的是，毛利是完全建立在顾客所购买商品的成本之上的。在盘点营业成本时，无论纳入计算的销售额是多是少，公司都需要支付固定成本。

营业收入模式和毛利模式之间有明显的关联。要使事业持续健康发展，毛利也必须足以支付所有相关的固定成本，最好还能结余下大量资金。经营事业就是要不断想出更新、更好的办法，使毛利可以持续增加。要做到这一点，要么是降低销售成本，要么就是为顾客创造更多的价值，以提高产品的价格。要在市场中生存，就必须找出切实可行的方法，尽可能扩大毛利。

3. 运营模式——需要支付哪些固定成本

营业成本是指企业每天开门营业所产生的各种日常成本。这些成本通常是不讨人喜欢的，却都是必须要支付的费用。每一个行业都有标准的会计科目表，上面会列出属于该行业的营业费用项目。例如，降落费就是航空公司运营模式中的标准科目，而科技公司则有持续的研发支出。

要尽量从各种策略性的角度思考营业费用，对下列问题要有明确的思考：

（1）在竞争对手的营业费用项目中，有没有哪一项是我们可以不用支出的。

（2）可以增加哪些成本，使我们能够为顾客提供更优质的用户体验，从而提高产品价格。

（3）我们的固定成本是多少，占整体销售额的比例是多少。

（4）有哪些固定成本是可以降低或完全消除的。

（5）我们是否可以采取不同的运营方式来调整固定成本。

（6）是否有新技术可以提升我们的生产能力。

（7）我们应如何更有效地运用业界资源。

瑞安航空公司就是一个很好的例子，这家爱尔兰的低价航空公司大体上是按照美国西南航空公司的成功模式运营的。瑞安航空公司原本的A计划是和国营的英国航空公司及爱尔兰航空公司正面竞争。当迈克尔·奥利里受命担任瑞安航空公司的首席执行官之后，他拜访了美国西南航空公司创办人赫伯·凯莱赫，而赫伯·凯莱赫给他的建议是："只使用一种飞机以降低维修成本。每年持续降低成本，并且尽快让飞机完成续航准备作业。"

奥利里以极大的热情遵行这些建议。瑞安航空公司只使用波音737型飞机，而且在2001年的美国"9·11"恐怖袭击之后，又以远低于定价的折扣价订购了100架波音737-800型客机。瑞安航空公司几乎在一夜之间，成为欧洲规模最大、最省油的航空公司。之后，奥利里选择在一些降落费用较低的小型地区性机场载运旅客，还舍去机票代理商，让顾客可以直接上网购买机票。奥利里甚至为了缩短飞机在停机坪的续航准备时间，还订购了没有椅背袋、没有窗帘的波音737客机。结果是瑞安航空公司在其运营的每一个市场中，都能够为旅客提供最低廉的票价。

2007年，瑞安航空公司公布营业收入为22亿欧元，盈利为4.35亿欧元，盈利率高达20%，航空业中没有其他公司能望其项背。美国西南航空公司同年公布的营业收入为98亿美元，盈利为10.5亿美元，盈利率为10.6%。瑞安航空公司通过缩减营业费用以及采取明智的运营策略等方式，成功删减掉了几项庞大的营业费用支出，而这些都是被竞争对手视为必要的费用。

4. 运营资金模式——顾客何时能付款

对任何企业来说，资金就是王道，或者更确切地说，运营资金是企业能够继续经营的不可或缺的要素。这其中的关系不言而喻：资金用完了，事业也就完了。运营资金可以用下列公式表示：

运营资金 ＝ 流动资产 － 流动负债

（1）流动资产，是指目前你手上拥有的资金，或是等同于资金的短期存款、可供销售的存货以及应收账款等。

（2）流动负债，是指你的短期债务，如应付给供应商的账款、银行贷款、信用贷款等。

你从事的行业会有一套标准的会计科目，说明哪些部分可以归入你的运营资金中。建立运营资金模式的第一步，通常是找出所从事行业中其他企业都在使用的标准会计科目分类，然后加以运用。做到这一点之后，接下来就会面临3个关键的策略问题：

（1）根据我们的营业收入模式，我们应如何使顾客尽早付款。要找出有哪些改变或诱因，可以使顾客更早付款。顾客越早付款，你事业所需要的运营资金就越充足。

（2）接着要看等式的另一边，设法了解自己要付给供应商的账款，可以合理延后多久。有没有办法和供应商重新谈付款条件，延长为供应商支付账款的时间。

（3）最后要考虑存货等预付项目需要准备几天的存量，才能使事业顺利运营。有何种办法可以降低存货量需求，从而取得竞争优势。

将所需运营资金降到低于竞争对手的水平是竞争过程中的一大优势。运用这个概念的绝佳范例就是好市多商场，这是美国知名的连锁会员制仓储量贩店。顾客要缴纳会员费给好市多商场（收费标准是家庭会员每年 50 美元，企业会员每年 100 美元），以取得在其商场购物的权利。该公司不接受信用卡支付，所有交易都必须用现金或支票支付。其商品是以大批量包装销售，供应商得以降低其批发价格，从而使好市多的毛利可达到 14%。好市多进货的品种只有 4000 种左右，而沃尔玛超市进货的品种则多达 15 万种。2006 年，好市多的会员数量已达到 4800 万名，每家分店每年平均能够创造出 2.1 亿美元的营业额。更令人惊讶的是，每一家好市多分店所需的运营资金数都是负值，这些店可以通过自身努力来获得资金，而不需要注入资金来维持运营。每家分店每年都能创造出超过 300 万美元的自有运营资金，这表明好市多靠本身的资金就可以获得发展，而不需要外部资金。

5. 投资模式——先期需要投入多少资金

俗话说，要有钱才能赚钱。在投资模式中应该详细说明你需要投入多少资金来建立事业的基础设施，才能让公司成立并吸引到愿意付费的顾客，还要使公司能够持续发展。

投资模式的重点就在于研究清楚两个不同的投资阶段。

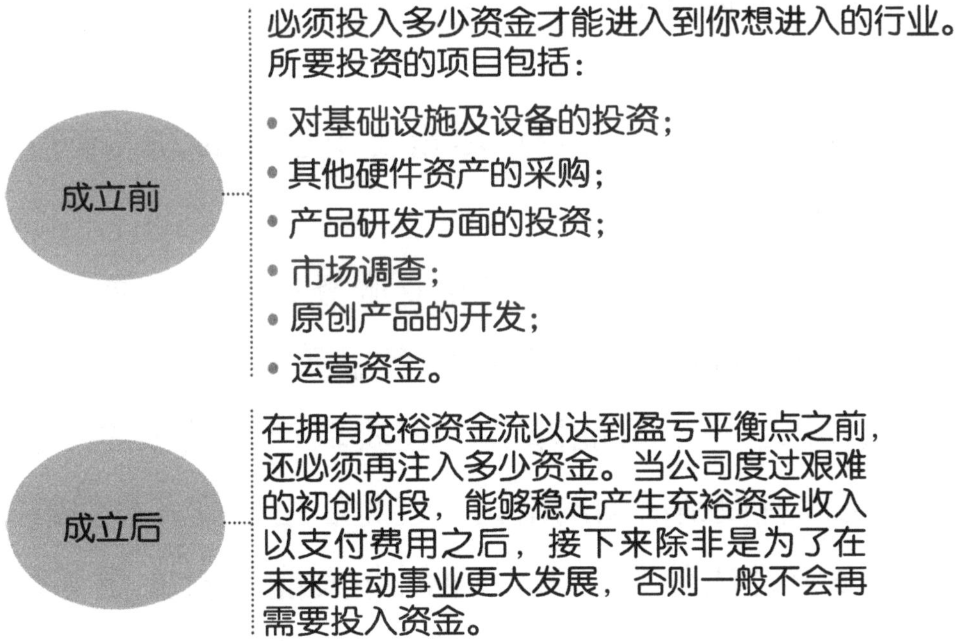

成立前

必须投入多少资金才能进入到你想进入的行业。所要投资的项目包括：

- 对基础设施及设备的投资；
- 其他硬件资产的采购；
- 产品研发方面的投资；
- 市场调查；
- 原创产品的开发；
- 运营资金。

成立后

在拥有充裕资金流以达到盈亏平衡点之前，还必须再注入多少资金。当公司度过艰难的初创阶段，能够稳定产生充裕资金收入以支付费用之后，接下来除非是为了在未来推动事业更大发展，否则一般不会再需要投入资金。

既然资金一般难以取得，那么我们的目标就是要探索出一种只需要最少量资金就可以使事业开始运行的投资模式。因为向外部投资人筹募的资金越少，将来外流的权益就越少，风险也就越低。这种低资金需求的投资模式，可以使你在未来必要时，能够轻易从A计划转移到B计划、C计划等。

要尽可能将公司成立前后所需资金的数额降到最低。这可以采取以下几种做法：

（1）将可以自由选择的行动尽可能延迟，只筹募绝对必要的创业资金。

（2）尽量把运营流程委托出去，即便有些流程在日后资金流充裕以后，会回归公司内部执行，也一样要先委托出去。

（3）事业所需的资产尽量要用租赁的方式获得，不要买断。

（4）可以选择普通的专业服务提供者，而不要选择光鲜亮丽、收费高昂的知名服务商。

（5）尽一切可能降低顾客获取产品的成本。例如，可以将促销活动网络化，避免雇用业务人员促销。

（6）设法使自己和其他创办人能够投入更多的时间和精力在公司业务上，减少雇用人员的数量，从而减少成本支出。

任何投资模式的目标都是尽早达到盈亏平衡点，也就是资金流由负转正的时候。这个时候公司就可以实现自给自足，而不是继续消耗你和其他创办人的投入资金。一般来说，达到盈亏平衡点所需的资金越低，长期报酬就会越高。

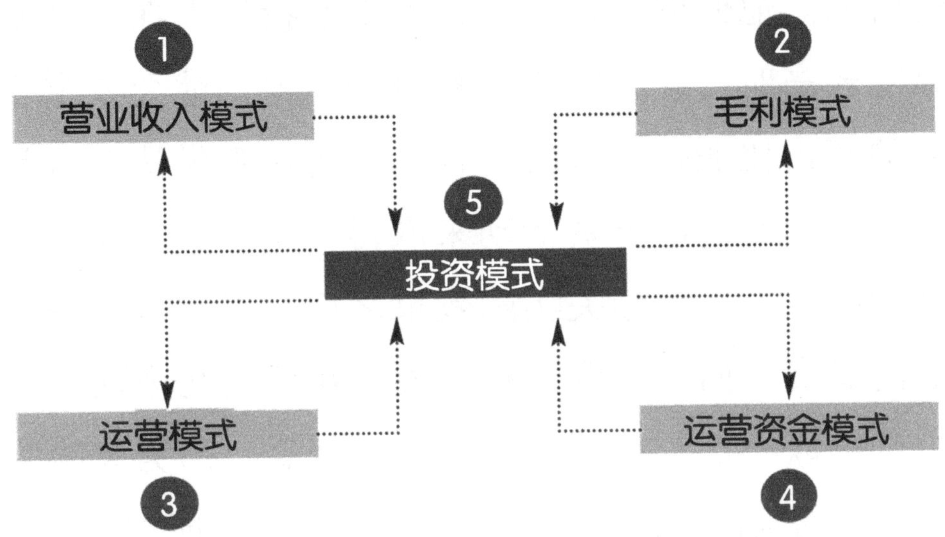

从实际操作上来说，你在商业模式的其他要素上所作的决定，最后都会反映在投资模式的形式上。达到盈亏平衡点所需的资金以及所需资金到位的时间，会和你在营业收入、毛利、运营及运营资金上所作的决定产生直接关联。

明智的创业者都知道，一开始就募集到超过实际需要的资金，会比较保险。资金充裕可以使你在遇到以下状况时有应变的余地：

（1）公司成立所需的时间超过预期。

（2）改用更理想、更恰当的事业计划。

（3）获取顾客更加困难，需要消耗更多的成本。

（4）突然出现意外情况。

有经验的创业家会谨慎把握所有筹资活动所需的时间。他们清楚地知道，如果要投资人在一开始风险较高时为企业投入大量资金，他们就会要求相应的高占比股份。应对这种情况的明智做法，就是通过多个回合的募资活动来取得资金。当事业计划经过测试，了解相关实际效果之后，再进行下一回合的募资。如果采取这种方式，在后续几个回合当中就可以用比较有利的条件筹得资金，因为风险降低了，而且许多设想也经过测试并得到了证实。

另外要记住，只要引进外部投资人，无论是不是创投者，都一定会作出利益的交换。投资人进行投资绝对不是为了追求从创业构想发展成事业的成就感，他们只是着眼于可能获得的报酬。投资人会急切地想要把股份卖给任何感兴趣的人，他们会要求参与公司内部的决策过程，并希望在事关公司命运的重要时刻扮演关键角色，无论命运是好是坏。在你的公司需要众人全力以赴共渡难关的时候，和投资人打交道并使彼此目标一致，可能会是一件非常耗费精力的事情。所以，在引进外部投资人之前，应该先慎重考虑。不要因为这样做好像“很时髦”，就去寻求创投者等人来投资。

关键思维

我们并不是提倡做所谓的紧急应变计划，而是建议创业者一次只提出一项计划，先从A计划开始，倾注宝贵的资源和精力，尽可能以最快速、最节省的方式，针对计划中几项最关键的弱点进行严格的压力测试。对每一项弱点都要了解其是否仍然具有可行性，如果得出的结果显示必须改用B计划，那么就应该立刻改变，然后再次开始上述程序。

“进入B计划”的重点在于探索的过程，随着时间推移，如果商业模式的5项要素能够密切配合，这5项要素的变动模式会使事业计划变得可行，使你不至于在过程中耗尽资金。

别白费力气从头做起，要善于改善旧有的计划。

——约翰·穆林斯　兰迪·科米萨

绝佳的商机都是来自于解决庞大、痛苦的问题。

——约翰·杜尔，硅谷创投家

二 正面类比、负面类比、主观认定及假定

对于 A 计划，我们可以建立一个坐标图来进行详细说明，坐标图中的内容包括如下几点：

◎ 你能为顾客解决的问题或为其提供的用户体验。

◎ 正面类比和负面类比。

◎ 你必须建立的主观认定。

◎ 根据主观认定所形成的假定。

◎ 会发出修正提醒的仪表板。

为新企业制订商业模式（或是修改现行的商业模式）是非常辛苦的事情，必须付出相当多的精力。到了某个阶段，退一步客观地审视自己商业模式的利弊会大有裨益。要将商业模式从 A 计划转换成更可行的 B 计划，上述步骤是非常有用的。

先静下心来思考自己是否确实能做到“解决顾客问题”和“使得顾客感动”两项目标中的一项。

先问自己，你纳入商业模式中的一切要素，是否完全符合你所追求的最重要的目标。任何要素只要无助于提出更优越的解决方案或实现更优质的用户体验，就要加以调整。

接下来就是展开迭代的过程，让商业模式改进至更优越的版本。根据前文所述的商业模式5大要素来建立坐标图，然后分别就各项内容探讨下列4大构件：

（1）正面类比。要尽力避免白费力气从头做起。可能以前已经有人成功做到了你现在想做的事情，要认真研究这些先行企业做得好的部分，加以吸收采纳或复制模仿。正面类比就是你可以借鉴采用的成功线索。你可以从某个构想中汲取特定状况下可行的部分，再结合其他构想，从而产生更适合你商业模式的正面类比。正面类比强调的是没有必要白手起家、从零开始，你可以吸取别人的成功经验，再按照自己的需求加以调整。正面类比在所属行业内外都可以找到。

（2）负面类比。和正面类比相反，有些先行企业采取了错误的做法，或是发生了你想要避免的问题，这些企业就是负面类比。负面类比就是去研究其他公司曾经做过的尝试，并从他们的错误和失败中汲取教训；研究有哪些因素使其他企业犯了错，从而避免他们的错误做法，防止企业付出相应的代价。负面类比同样可以从所属行业内外找到。

（3）主观认定。指在正面或负面类比都无法给予解答的情况下，所做的暂时推论。也就是你在没有实际证据可以证明其真实性时，依然抱有的信念。大多数新创企业都会有这样的主观认定：只要我们做出了这样的商品，顾客就会蜂拥而上地购买。每家公司到了某个阶段都必须勇敢踏入未知的领域，开店营业，然后观察顾客的实际反应。

（4）假定。这是从个人的主观认定中衍生出来的。如果你主观认定预期的状况发生了，假定就会成真。如果你能清楚说明自己商业模式中原有的各种主观认定，再具体指出这些主观认定所得出的各种假定，那么就可以设计出测试方法，以检验实际结果到底是支持你的假定，还是推翻你的假定。通过验证假定是否属实，就可以得知 A 计划到底是否可行，如果不可行就可以避免投入过多时间和资金。

通过上述方式将商业模式画成坐标图，你就可以按部就班地推动商业模式的改进工作，使其更为完善。这种坐标图的方式可以加速商业模式的改进，使其从不太可行的 A 计划，转变为更严谨可行、更有吸引力的 B 计划（必要时也可能是 C 计划等）。

商业模式坐标图		正面类比	负面类比	主观认定	假定
	1 营业收入模式				
	2 毛利模式				
	3 运营模式				
	4 运营资金模式				
	5 投资模式				

大多数事业计划都会石沉大海。这么说或许有些悲哀，但这却是事实。原因一，有太多事业计划在起草时都是凭着一时兴起的热忱，而没有实际依据可以支持其中阐述的主张。简单来说，大多数事业计划都撰写得太早，那么有没有正面类比、负面类比和经过测试的假定？答案是少之又少。原因二，几乎没有考虑到探索与学习的过程，这些事业计划

都认为大多数事情都已经很清楚了。原因三，没有意识到未来发展的高度不确定性。上文介绍的程序，它运行的目的就是用来对付这些不切实际的做法，让你能够未雨绸缪，及时修正不够完善的A计划。这个程序的用意在于促进学习和探索，它能够克服不切实际的问题，那就是我们对于构想中新创事业的实际了解，往往比我们自认为的还要少。

——约翰·穆林斯　兰迪·科米萨

三　建立成效仪表板

绘制坐标图并建立仪表板，以追踪假定所得出的成果，不断对商业模式进行改进，直到得出能证明其可行性的模式为止。拟定出经得起考验的商业模式之后，就可以将其转化为书面计划了。只要有准确的数据，那么为这个计划募资就不成问题。

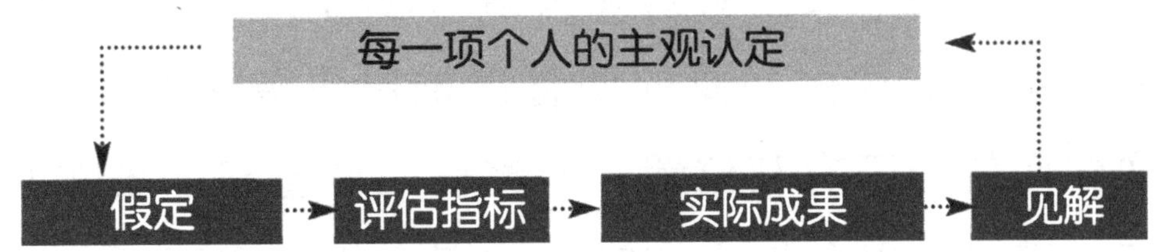

之前制作的商业模式坐标图会提供一个框架，使你可以持续努力建立经得起考验的商业模式。你将要对许多项主观认定进行测试，测试的方法如下：

（1）每项主观认定至少可以推导出1项假定。例如可以这样说："只要我们能提供合法的音乐下载服务，消费者就会愿意付 99 美分来下载 1 首歌曲。”

（2）接下来就要静下心来针对各项假定设计出可用的评估指标，用以搜集实据来证明或否定这项构想。以下载音乐为例，苹果公司的 iTunes 网站要给唱片公司付版权费，而评估前述构想的重要指标之一，就是 iPod 使用者在 iTunes 购买歌曲的数量。

（3）提出适当的指标之后，接下来就要观察顾客的反应。iTunes 在开张当天下载人次就超过 100 万。在 3 个月的时间里就销售了 750 万首歌曲。唱片公司对此相当满意，因为他们能够借此机会进入数字音乐市场。而苹果公司也同样相当满意，因为这让消费者有理由购买该公司的 iPod 播放器。

（4）要先搜集到真凭实据来证明或否定你的假定，才能继续做必要的调整以推出更务实的构想。这样你就处于有利位置，能够事先调整和升级你的商业模式，以免把太多时间或资金投入在不可行的构想上。

如果要验证多种商业模式，从而测试大量不同的假定，那就必须建立仪表板来综合这些试验的成果。有效的仪表板能够实现以下 4 项目标：

（1）迫使你从策略性的角度思考。考虑构成你商业模式基础的各种关键问题。不能只是想："这么做应该可行。"而应该这么说："我们知道顾客会怎么做，因为证据在这里。"

（2）促进严谨的思考。因为仪表板凭借的是事实和证据，而不是希望或梦想。你会发现，数据一定会比虚幻的前景更能打动潜在的投资者。

（3）提供迅速的反馈。也就是说你搜集到的证据，能够帮助你找出哪些主观认定是有道理的，哪些是没道理的。这些结果会显而易见，而不会含糊不清，让人看不清楚。

（4）发挥强大的影响力。当你需要从 A 计划转化到 B 计划时，仪表板会发出明显而清楚的信号。管理团队成员会意见一致，因为他们可以亲眼看见这些实据。潜在投资人会感到印象深刻，因为你是用实据来支持自己的主张。你也可以证明，你是根

假定	指标	实际成果	见解
主观认定1			
H1	M1	A1	I1
H2	M2	A2	I2
主观认定2			
H3	M3	A3	I3

据实际数据所显现的情况来作出判断。

那么，如何才能确保B计划是切实可行的事业计划，而不是看起来不错却无法取得实际成果的计划呢？有时候，我们可以通过结果返推来发现其效果。我们通过以下6个步骤进行详细说明：

（1）指出你所提供的解决方案能解决的顾客需求，或者你所提供的服务怎样能感动顾客。

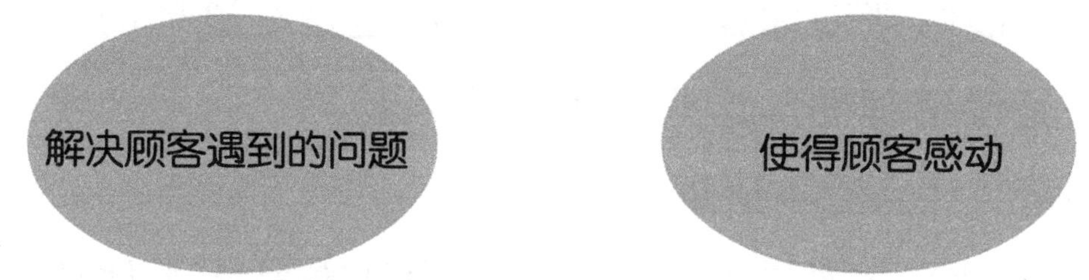

（2）把相关的正面类比（你想采纳的构想）和负面类比（你想避免的错误做法）制成一个图表，来

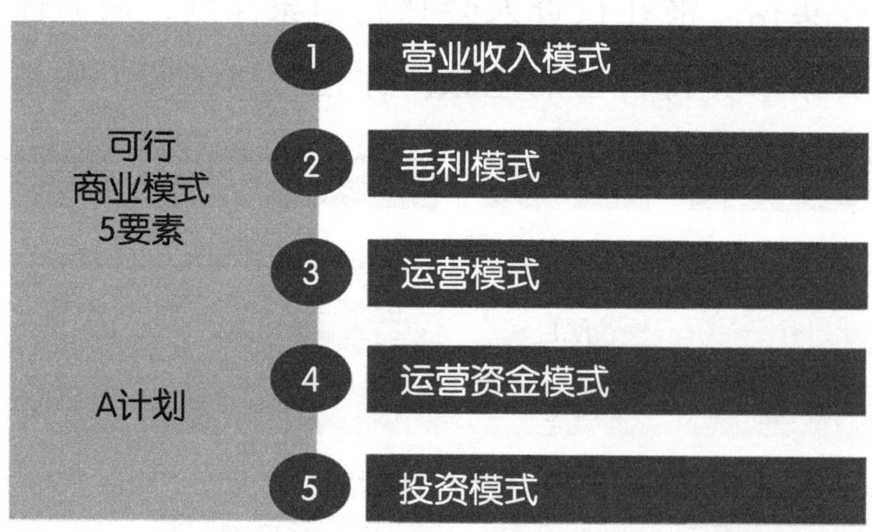

展示你的产品或服务以及向潜在顾客说明你的商业模式。

（3）找出A计划的商业模式中所有尚未经过测试的主观认定。梳理出各项主观认定的先后顺序，然后给每项主观认定至少推导出一项假定，再进行试验以测试各项假定，最后将所有结果整合成成效仪表板。

	正面类比	负面类比	主观认定	假定
营业收入模式	A1	B1	C1	D1
毛利模式	A2	B2	C2	D2
运营模式	A3	B3	C3	D3
运营资金模式	A4	B4	C4	D4
投资模式	A5	B5	C5	D5

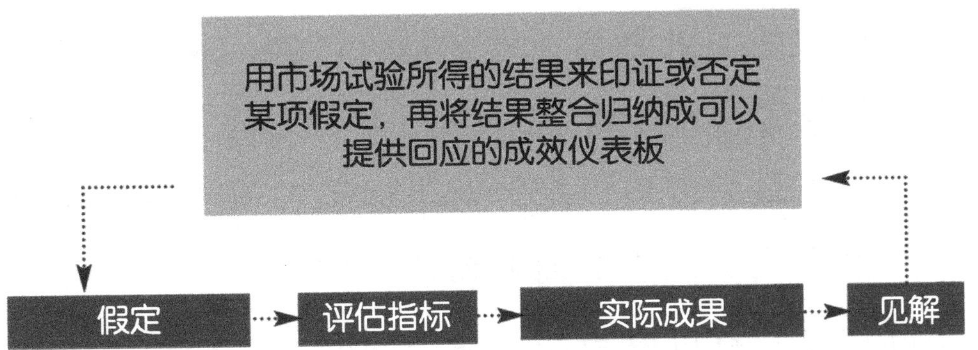

（4）接下来要针对上述坐标图中的各项内容写下一段摘要，内容大致如下：

◎ 针对 A1 栏，说明有哪些成功企业是你在营业收入模式中要学习的。

◎ 针对 B1 栏，说明有哪些企业曾经犯了你要避免的错误。

◎ 针对 C1 栏，详细说明你商业模式中的各项主观认定，如“顾客愿意付多少钱来购买这种解决方案，用于解决他们的问题”。

◎ 针对 D1 栏，分别列出能够证明或否定各项主观认定的假定，这样就可以用试验的结果来验证这些假定。另外，也可以详细说明你根据试验结果所做的修正。

（5）等到商业模式的 5 项要素都进行完上述程序之后，你就知道该如何汲取教训，让自己能够改进和完善这项商业模式。这样你就可以很自信地说自己原来的 A 计划商业模式是可行的，或是可以修正为更务实的 B 计划、C 计划、D 计划等。

（6）最后就可以把针对坐标图各项内容所写的摘要发展成更理想的商业模式。你现在已经掌握了实际数据，就可以写出与众不同的事业计划，而不是依靠天马行空的想象。你会有可行的构想，而不只是听上去不错的想法。

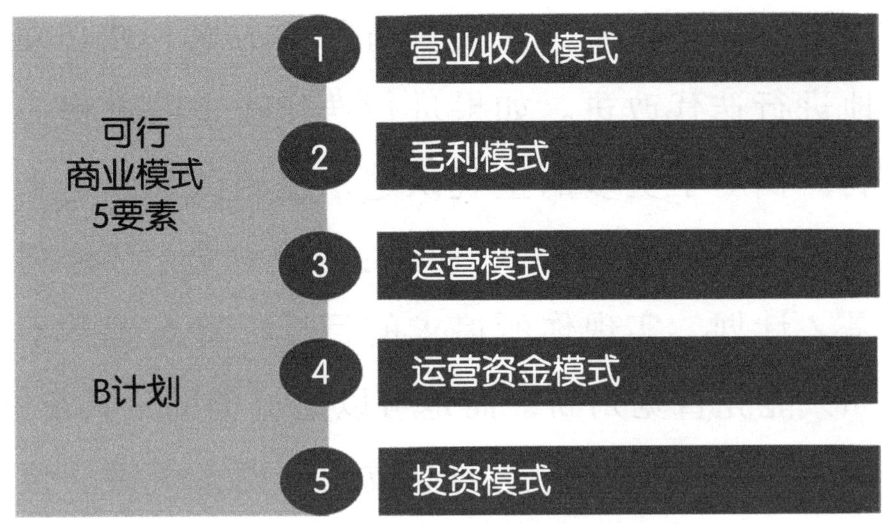

要找到合适的正面类比和负面类比，再找出主观认定，还要建立有合理评估指标的仪表板，以便指引事业发展的方向并持续追踪测试"假定"的结果。其实这是个很简单的程序，这个程序必然要进行迭代改进，而你的主观认定和你推导出来要进行测试的假定，也一样要进行迭代改进。所以这个程序永远不会结束，至少在你最终的 B 计划（或者 C 计划、D 计划等）实现喜人成就之前都不会结束。你要始终保持警觉，因为情况永远在变。

在大多数情况下，要找到对潜在顾客、对你自己以及对潜在投资人来说都可行的方案，就必须不停地进行迭代改进。如果进行迭代改进的过程一切顺利，找出了更多的主观认定，也测试了假定来加以验证，最后就能够找到可行的B计划、C计划甚至是Z计划，实现你所追求的目标。这么做并不表示你只能凭直觉判断，而是可以通过辅助工具帮助。应变能力和迭代改进是创业成功的两大关键。仪表板可以即时记录测试假定所得出的结果，更重要的是，仪表板会发出信号，提醒你必须修正方案才能得出可行的B计划。要了解自己是否制订出了可行的商业模式，唯一的办法就是掌握确切的数据。

这个程序会不断进行迭代改进，最终演变成何种结果，没有人知道，你自己更不会知道！在你沿着商业模式坐标图逐行思考时，你会发现自己在行与行之间不断地进行迭代改进，因为这些要素都是相互关联的。从现在开始的几个星期或几个月内，商业模式坐标图中的某些内容，会因为你在过程中汲取的经验教训而不断调整。要知道，几乎所有事情之前都有人做过，只不过从来没有人将各个片段，也就是正面类比、负面类比和主观认定等，整合成你打算采用的确切模式。

——约翰·穆林斯　兰迪·科米萨

计划本身没有用处，但制订计划却是绝对必要的。

——德怀特·戴维·艾森豪威尔

美国陆军五星上将

没有任何计划可以在首次遭遇敌人时就取得完美效果。

——道格拉斯·麦克阿瑟

美国陆军五星上将